MÉMOIRES

DE LA

SOCIÉTÉ DE LINGUISTIQUE

DE PARIS

MÉMOIRES

DE LA

SOCIÉTÉ DE LINGUISTIQUE

DE PARIS

—

NOUVELLE SÉRIE

TOME X

UN DEMI-SIÈCLE DE LINGUISTIQUE EUROPÉENNE

par Haiim B. ROSÉN

———

PEETERS

2001

D. 2001/0602/22

ISBN 90-429-0999-4 (Peeters Leuven)
ISBN 2-87723-564-5 (Peeters France)

© 2001 - Peeters - Bondgenotenlaan 153 - B-3000 Leuven

AVANT-PROPOS

En publiant le texte développé de ce tableau de la linguistique euro-péenne de la 2ème moitié du XXe siècle que Haiim Rosén a esquissé dans son rapport au XVIe Congrès international des linguistes, la Société de Linguistique rend hommage au savant, à l'ami, au travailleur acharné qui a précisément dépensé ses dernières forces dans la mise au point de ce difficile bilan d'un demi-siècle de développement pour une discipline qui a pris dans cette période des orientations multiples.

Haiim Rosén était membre de la Société de Linguistique depuis 1951. Il a toujours manifesté beaucoup d'attachement aux linguistes français, dont certains ont été ses maîtres et beaucoup ses amis, et il a en particu-lier entretenu des liens étroits avec la IVe section de l'École Pratique des Hautes Études, qui à plusieurs reprises a bénéficié de son enseignement.

Représentant d'Israël à l'Assemblée Générale du Comité International Permanent des Linguistes, il y faisait volontiers entendre sa voix pour présenter des propositions en vue d'une participation plus effective de la communauté internationale des linguistes aux affaires relevant de la com-pétence du CIPL. Quand le moment est venu d'organiser le XVIe Congrès des linguistes, il a plaidé efficacement en faveur du choix de Paris, qui lui tenait à cœur. Heureux d'avoir ainsi contribué à la décision qui a permis à la France d'accueillir des linguistes du monde entier près d'un demi-siècle après le premier Congrès de Paris, organisé en 1948 sous la présidence de Joseph Vendryes, Haiim Rosén, invité à présenter un rapport sur le dévelop-pement de la linguistique en Europe depuis le milieu du XXe siècle, a voulu faire plus que cette simple contribution à une séance plénière, et il a tenté de cerner à cette occasion, dans une large approche, les traits les plus caractéristiques de l'esprit et des orientations théoriques et méthodo-logiques des linguistes européens au cours du dernier demi-siècle, ainsi que leur apport au développement des connaissances sur les structures et l'his-toire des langues.

La tâche était rude et délicate. Il définit lui-même dans son avant-propos l'esprit dans lequel il l'a abordée. Ceux qui l'ont bien connu reconnaîtront son souci de concilier les deux exigences, dans une certaine mesure contra-dictoires, qui s'imposent au savant: le devoir d'objectivité et la volonté de ne pas dissimuler ses options personnelles dans les grands débats que suppose toujours la marche consciente d'une discipline scientifique.

Jean Perrot

PRÉAMBULE

Je ne dissimulerai pas le sentiment de satisfaction, et même de fierté, mais en même temps de modestie, que j'ai éprouvé à me voir confier lors de l'ouverture du 16ème Congrès International des Linguistes — le dernier du siècle, qui s'est tenu à Paris en juillet 1997 — cinquante ans après celui qui avait également eu lieu à Paris, immédiatement après la seconde Guerre Mondiale — et qui marquait ainsi l'achèvement d'une période particulièrement féconde dans notre discipline, la tâche de présenter un rapport sur ce qui fut accompli dans le cadre européen au cours de cette période; je me propose de soumettre ce rapport à mes confrères sous la forme d'un tableau plus complet et plus élaboré dans les pages qui suivent.

J'ai considéré que ce n'était pas seulement mon droit, mais plutôt mon devoir, de m'abstenir d'une fausse «objectivité», qui ne serait pas vraiment de mise dans une activité intellectuelle, la subjectivité étant, dans mon esprit, un avantage idéel dans des cas de ce genre: elle doit permettre au lecteur de reconnaître l'empreinte de mes appréciations et de mes jugements personnels, sans viser à un accord général pour les choix que je fais et les aspects que je souligne. C'est dans ce même esprit que je souhaiterais que mes lecteurs regardent avec bienveillance mes quelques prises de position critiques liées à cette attitude pour ainsi dire «subjective», telle que je l'ai définie. J'ai tenté d'esquisser le jeu des courants scientifiques et leur influence mutuelle, et on doit pouvoir reconnaître que je me suis imposé la tâche de faire le choix des travaux et des savants les plus significatifs pour notre discipline et de ne faire état que de ceux auxquels on doit à mon avis attribuer un effet de poussée en avant dans l'histoire de notre discipline dans la période dont nous rendons compte. Il reste entendu que mon choix et mes prises de position ne pourront pas tous être accueillis avec le même degré d'accord et de sympathie.

En nous présentant nous-même comme faisant partie de la linguistique européenne, nous entendons que le terme «européen» exprime l'appartenance d'une pensée à un certain climat intellectuel: il s'agit d'un ensemble d'idées et de concepts à l'égard du langage, des langues et de leurs phénomènes. Dans ce contexte essentiellement «historique» il y aura lieu de signaler les interdépendances internes ainsi que les influences des techniques linguistiques de provenance extra-européenne.

Notre aperçu ne touche ni aux «disciplines limitrophes» («hyphen-linguistics», Jakobson) ni aux applications de la science linguistique, qui sont, en Europe, plus marginales que l'essentiel de la «linguistique», comprise en tant qu'étude scientifique de ce qui s'observe dans les langues servant à la communication humaine.

Contrairement à ce qu'on note dans le sous-continent nord-américain, on ne décèle pas une «École européenne»: une autonomie de pensée de diverses Écoles conciliables entre elles, dont nous nous efforçons de dégager les caractéristiques saillantes, a eu pour effet que les lignes de pensée et les méthodes n'ont été imposées par aucune d'entre elles à une autre. Dans ce même esprit, nous essaierons aussi dans les premières pages d'esquisser ce que nous considérons comme des développements scientifiques particulièrement importants et influents dans l'évolution de la linguistique européenne du dernier démi-siècle, ainsi que leur origine. Le berceau en est le structuralisme européen classique, sans aucun doute le courant intellectuel le plus important et le plus fécond du siècle passé, courant qui devait forcément se caractériser par un strict empirisme et par tout ce qui en découlait.

Nous avons tenté d'esquisser d'une manière équilibrée les «domaines» de recherche ou d'analyse (telles que la syntaxe, la phonologie) sur lesquels avaient principalement porté les efforts de nos confrères européens, car nous croyons que c'est la place accordée et l'intérêt porté à tel ou tel domaine qui caractérisent la science européenne contemporaine et qui l'opposent à d'autres «régions» scientifiques, tant à notre époque que dans les époques antérieures.

En fin de compte, c'est l'adoption du structuralisme et l'introduction d'une vision structurale à tous les niveaux d'analyse et de recherche, même en typologie, discipline si florissante dans notre génération, qui permettent à la linguistique européenne de réaliser une appréciation autocritique des résultats obtenus en son sein, que se soit au plan fonctionnel ou à celui des reconstructions historiques ou comparatives.

Je sais très sincèrement gré à mon ami et confrère de longue date Jean Perrot, Président du Congrès International et Représentant de la France au Comité Exécutif du Comité International Permanent des Linguistes, d'avoir encouragé l'entreprise délicate de ce rapport et d'avoir veillé à ce qu'il soit publié dans les Mémoires d'une manière si digne du sujet. C'est aussi lui qui, doué d'une faculté incomparable de compréhension et de perception de la pensée d'autrui, n'a pas ménagé ses efforts et son temps en toute confraternité et amitié, afin de me faire bénéficier de ses précieux conseils pour tout ce qui concerne l'expression française, sans me dégager toutefois aucunement de la responsabilité de tout ce qui est resté incongru dans les pages qui suivent.

Haiim ROSÉN
Jérusalem–Paris, été 1999

UNE SCIENCE EUROPÉENNE

Regard d'ensemble; les Écoles

Loin de vouloir définir «européen», pour notre propos, sur le plan géographique — ce qui s'est montré impossible et inadéquat pour tout but de recherche culturelle — nous sommes plutôt porté à soutenir qu'il existe certaines attitudes intellectuelles ou lignes de pensée naissant des climats intellectuels, qui sont caractéristiques de l'Europe scientifique. Ces attitudes qui ne se ramènent ni à une méthode ni à une technique de travail au sens strict et dont on ne trouverait pas ou guère l'analogue hors de l'Europe ou chez des savants non européens, caractérisent la linguistique européenne (Coseriu 1981:88; Albrecht 1988:50).

Si le présent aperçu prend une dimension historique, il ne pourra pas s'agir d'un enregistrement de successions chronologiques; il faut que nous signalions les interdépendances, qui peuvent parfois être fallacieuses. Par exemple, faudrait-il penser que la prédilection de Tesnière (1953, 1959) pour des présentations graphiques, surtout sous forme d'arbres stemmatiques, ait pu inspirer l'hypertrophie de présentations d'«arbres» qui donnent aux *Syntactic Structures* leur caractérisation idéologique? Nous croyons que non.

Néanmoins il convient de mettre en contraste un trait, en apparence superficiel, des présentations tesniérienne et chomskyenne, à savoir le rapport graphique et la position topologique du verbe fléchi et du groupe substantif sujet. Dans le stemma de Tesnière leur rapport est oblique et la ligne les connectant est diagonale, en ce que le substantif sujet se trouve en dépendance du verbe, le verbe étant le sommet et le point de repère de toute la structure syntaxique de la phrase. Dans l'arbre génératif ces deux «entités» sont mises en rapport horizontal, en ce qu'elles dépendent, à la même hauteur, d'une entité hiérarchiquement plus élevée, nommée «sentence» (cf. Fourquet 1976); cette entité, qui ne possède aucune réalité et n'est pas non plus empiriquement observable, ne gagne de réalité qu'à travers la série de transformations que le linguiste s'impose pour présenter la phrase. Au contraire, chaque étape dans la progression du stemma de Tesnière est réelle et vérifiable. Les nœuds de Chomsky prétendent représenter des quasi-réalités linguistiques entre la structure profonde et la surface, mais ne sont pas réalisables, parce que très souvent ils créent des séquences non grammaticales. Contrairement à cela, les nœuds de Tesnière ne font que symboliser un «ordre structural», sans figurer des identités réelles quelconques et les «connexions» tesnériennes sont à considérer, par conséquent, comme des «signifiés dépourvus de signifiants manifestes» (Albrecht 1988:95, 97). Les deux conceptions révèlent une faiblesse (cf. Fourquet 1976) surtout envers les modèles syntaxiques dépourvus de verbe fléchi, en l'occurrence principalement un verbe-copule. La grammaire générative résout le problème en incluant un tel verbe dans les structures relativement profondes afin de pouvoir l'«abolir» plus tard, chose d'autant plus étonnante qu'à côté de son berceau se trouvaient des sujets parlants de langues à phrases nominales: Yehoshua Bar-Hillel, Morris Halle, Zellig Harris, et peut-être Roman Jakobson. Si rien ne m'a échappé, la Grammaire Fonctionnelle, dont nous aurons l'occasion de faire mention plus tard d'une manière plus détaillée, n'a pas fait de propositions à cet égard.

D'un aperçu comme celui-ci on attendrait peut-être une certaine «objectivité»; mais il risquerait alors de se réduire à une bibliographie. Nous faisons un effort pour être «objectif», pour ainsi dire, et nous abstenir de prises de position critiques, mais qu'on n'attende pas trop à cet égard, car rien ne saurait être «objectif» dans une activité intellectuelle. Cet aperçu porte sans aucun doute l'empreinte de mes appréciations et jugements personnels; il se peut bien qu'il ne recueille pas l'accord de tout le monde, mais, en effet, la subjectivité est dans ce cas un avantage sur le plan des idées et de la pensée. Un lecteur instruit et attentif découvrira plus de choses qui ne sont ni incluses ni dites explicitement dans mon aperçu que de choses qui y sont effectivement discutées, mais qu'il me soit permis de souligner d'ores et déjà que je prêterai attention aux seuls courants et idées que je considère comme les plus significatifs et auxquels je crois pouvoir à juste titre attribuer un effet de poussée en avant et de fécondité scientifique. En mettant en relief ceux des savants qui ont pris des positions par rapport à certaines questions de fond, on peut présenter un historique centré sur les idées, les tendances et leurs développements, mettant en évidence leur interdépendance et leur fertilisation mutuelle, ainsi que — sous caution — sur les influences que la science du langage européenne pourrait avoir subies de la part des techniques linguistiques de provenance extra-européenne.

Nous n'inclurons pas les sciences limitrophes (auxquelles Jakobson 1967:85 donnait l'appellation de «linguistiques à trait d'union»). Celles-ci sont quasi marginales en Europe, à l'exception, peut-être, d'une «Kultur-linguistik» (terme malheureusement jamais créé). Nous ne nous arrêterons pas non plus aux applications de la linguistique — terme qui est à considérer comme plus approprié que celui de «linguistique appliquée» (espèce de construction *ab urbe condita*) — ni à la philosophie du langage, qui se distingue nettement (selon Bar-Hillel) de la «philosophie linguistique». A tous égards, ou presque, la «linguistique» est restée l'étude scientifique de ce qui s'observe dans les langues servant pour la communication humaine.

Cependant, il y a lieu de faire mention de la tentative d'inclusion dans la linguistique (ou au moins en zone frontière), de la «Textlinguistik» — occupation que l'on désigne encore, par habitude, en usant d'un terme de structure allemande! — avec sa sœur jumelle, la «pragmatique», afin de «entgegenzuwirken einer zu starken Verengung des Blickwinkels einer Text-theorie oder 'Pragmatik' [guillemets dans l'original, H.R.]»,

en proposant plutôt (Siegfried Schmidt 1973) de renommer le domaine «Pragmalinguistik», tout en prenant appui sur la théorie des «actes de parole» d'Austin (1962) et Searle (1969), dont la position de base est que la formation d'un acte de parole présuppose l'existence et la coordonnabi-lité d'une structure syntaxique («phrase») grammaticale.

Il n'est pas question de parler d'une «École européenne» (de même qu'on a très souvent l'habitude de parler d'une École américaine malgré la multitude de ses faces différentes à travers les décennies du siècle écoulé); plusieurs Écoles peuvent exister et naître dans l'espace scientifique euro-péen, parce que les traits pertinents qui les caractérisent peuvent se grouper en faisceaux de manières différentes comme les traits phonologiques per-tinents de phonèmes autonomes; c'est cela qui caractérise la linguistique européenne, une autonomie où aucune École n'est sous la dépendance d'une autre. Au contraire, les Écoles peuvent vivre en bonne intelligence lcs unes avec les autres (Albrecht 1988:51). Cet esprit des courants euro-péens n'empêche pas qu'on voie çà et là se manifester la tendance de tel ou tel courant à vouloir gagner une position d'hégémonie. Tel était — paraît-il — le désir d'Émile Benveniste en s'opposant à une doctrine, par ailleurs presque abandonnée ensuite, qui était observable dans une partie des milieux alle-mands d'après guerre, tendance qui aspirait à combiner des vues philoso-phiques et typologiques quasi-néohumboldtiennes–heideggeriennes avec une glottophilosophie autonome, en utilisant les vues socio-typologiques d'Ernst Lewy. Benveniste exhorte la «linguistique allemande, peu après la fin de la guerre (1949), à rejoindre la tendance générale de nos études ou à s'en isoler»; cette «tendance générale», dont parle le maître, n'a pourtant — à nos yeux — jamais existé en Europe.

Le pluralisme doctrinaire de la linguistique européenne (cf. Robins 1973: 110sq.) et la pluralité d'Écoles ont diminué l'existence d'un «inbreeding» et les dangers que cela entraîne. L'École de Prague reste plus ou moins dans le cadre de sa tradition avec des tendances sociologiques et socio-pragmatiques dont il sera question plus loin. Des orientations uniformistes selon un modèle imposé peuvent néanmoins se développer dans des entités politiques à régime plus autoritaire, telles que la RDA, la Roumanie, l'URSS; ces orientations ne sont naturellement pas identiques en tous les lieux: la Forschungsstelle berlinoise s'oriente vers le générativisme en aspirant à intégrer les principes fondamentaux de la linguistique structurale classique dans le terminologie chomskyenne et à dégager de là une synthèse, mais sans beaucoup d'harmonie, donc plutôt une espèce de compromis (Bierwisch 1966, Robins 1973:145sq.). Ce compromis combine la syntaxe structurale de Tesnière avec la «phrase structure grammar» des générati-vistes en insistant sur quelques conformités, sans toutefois rendre compte des différences intrinsèques. Il est également fait une tentative pour présen-ter la notion de «mot» en soulignant les difficultés de définition, et en niant

pratiquement le statut d'«entité primaire», démarche qui nous paraît
quelque peu hâtive pour la présentation d'une méthode d'analyse syntaxique.
L'École de Prague vacille sous la pression des régimes changeants en
essayant de s'y conformer en ce qui concerne l'idéologie (Toman 1995) et
aboutit à une orientation — semble-t-il — tout à fait nouvelle.

La linguistique russe à partir de l'École de Kazan jusqu'à la fin de l'activité
de Jakobson en Europe a, bien entendu, apporté une immense contribution
à la méthodologie, surtout analytique. Elle a créé les concepts fondamentaux du structuralisme. Mais cela s'est déroulé avant la période dont nous
rendons compte ici. Pendant la période couverte par notre aperçu, la linguistique soviétique a vacillé entre diverses conceptions, que ce soient des
conceptions européennes ou des conceptions extra-européennes, sans y
apporter (Jakobson 1981) une contribution essentielle (Robins 1973:85) et
sans être active dans l'espace que l'on peut circonscrire comme la région
Europe.

L'objet de recherche: les faits des langues individuelles

Dans un aperçu de la linguistique européenne, la recherche se rapportant
aux langues individuelles occupera naturellement une place proportionnel-
lement beaucoup plus considérable que la discussion méthodologique, et
cela contrairement à ce qui apparaîtrait dans d'autres aires d'activité
scientifique et en particulier linguistique auxquelles on pourrait songer: la
linguistique européenne s'intéresse aux réalités des langues sur lesquelles
on fait les recherches et n'a pas en général l'habitude de ne chercher dans
le matériau linguistique spécifique que le moyen d'illustrer tel ou tel point
de méthodologie ou de fonder une méthodologie générale (contrairement au
jugement de Szemérenyi 1982, préface), donc elle ne s'exerce pas

> «in a rarified atmosphere which lives on method for method's sake». (Heil-
> mann 1977:361).

La linguistique européenne s'est vue contrainte de se défendre contre les
attaques dépréciatives de certains groupes d'outre-Atlantique. Une certaine
partie des importants écrits méthodologiques et théoriques généraux des
savants européens (p. ex. Uhlenbeck 1973, Hagège 1976, Collinder 1970)
devaient, par conséquent, être des polémiques dirigées contre l'École trans-
formationnelle-générative. Nous ne nous y arrêterons pas trop, parce que
nous croyons que les véritables contributions d'une École à l'avancement
des sciences consistent à ouvrir de nouveaux chemins, à poser de nouvelles
questions, à élargir l'horizon et à approfondir les réponses et les hypothèses
plutôt qu'à essayer de démontrer l'inutilité des lignes de pensée des autres
que la sienne et les risques et effets négatifs qui en émanent.

Il me paraît fort regrettable que les attaques lancées par les courants soi-
disant «modernes» contre les «traditionalistes» aient forcé ces derniers à

se mettre dans une position de défense contre des positions monopolistes extra-européennes.

Pour l'esprit de ces réactions on peut citer un «review article» sur une collection d'articles éditée par Garvin:

> «It is perhaps well to stress that linguistics is a very difficult discipline. One reason, I myself believe, is that its methods and objectives are extremely hete-rogeneous; there is no single framework into which every investigation neatly falls. ... We find [tel auteur] declaring that 'it is impossible to do accurate work in any science without first having delimited the scope, the theory, and the methodology of that science'. But have we such a thing as 'THE [majuscules dans l'original, H.R.] theory' or 'THE methodology'?» (Matthews 1972b:75).

Comme autre exemple de la réaction défensive imposée aux linguistes européens malgré eux partout où les orientations nouvelles essayaient de faire des conquêtes en opprimant les grandes traditions, on peut citer un petit livre de Leo Weisgerber, une quasi-réponse à une série d'émissions diffusée par la radio allemande pour faire connaître aux grandes masses l'essence du langage et de son étude, et dans laquelle le générativisme occupait une position dominante. Weisgerber considère qu'il s'agit pour nous «deux fois» de la langue, avec chaque fois non seulement un objet différent et une méthode différente, mais aussi une science différente. Il propose par conséquent de parler, en terminologie allemande, de deux disciplines, l'une étant la «Linguistik», l'autre, la vraie, la «Sprachwissenschaft». Son point de repère, essentiellement philosophique, est la nature humaine de la langue, d'où le caractère humaniste de la Sprachforschung, ainsi que la conception de son caractère énergétique, d'où une vision de la langue comme «instrument à 'façonner' (gestalten) le monde» dans l'esprit humain,

On peut considérer comme une prise de position conciliatoire le cours magistral professé par Coseriu en 1971 et publié en 1977, où il s'efforce — tout en critiquant sévèrement les fondements fautifs de la théorie chomskyenne — de découvrir dans les diverses phases de celle-ci certains «avantages» («Vorzüge», 59-73), à condition qu'elle reste appliquée à des buts de recherche bien définis: du point de vue général, l'emphase mise sur le signifié; du point de vue de l'objet décrit, l'emphase mise sur les relations, c'est à dire sur l'aspect relationnel dans la grammaire; du point de vue de la grammaire, la conception de celle-ci comme un système uniforme de règles. Mais les réserves (74-130) sont plus graves: la grammaire transformationnelle négligerait les fonctions dans les langues individuelles, créerait une confusion entre le linguistique et l'extra-linguistique, appliquerait une procédure analytique arbitraire, et finalement se fonderait sur de fausses prémisses de Chomsky concernant des faits.

Une vraie caractéristique de la nature intrinsèque de la linguistique européenne semble avoir été donnée par Hjelmslev, malgré la nature formelle de son exposé doctrinaire, dans la dernière phrase de ses *Grundlæggelser* (1943:112 = 1961:127):

«Linguistic theory is led by an inner necessity to recognize not merely the linguistic system, in its schema and in its usage, in its totality and in its individuality, but also man and human society behind language, and all man's sphere of knowledge through language. At that point linguistic theory has reached its prescribed goal: *humanitas et universitas*.»

Une réaction anti-générativiste européenne intéressante et importante à la fois, parce qu'elle touche aux bases théoriques et porte sur des faits patents, est l'article publié de bonne heure (1965) par Winter, «Transforms without kernels», qui nie l'hypothèse selon laquelle les syntagmes nominaux à adjectif épithète seraient tous des «transforms» de phrases à copule «être», ce que manifestement ils ne sont pas (le problème du *late Churchill* et du *second Chomsky*). Deux années plus tard, Motsch essaie — sans grand succès à mon avis — de «sauver» Chomsky, en voulant redéfinir le concept de transformation et en déclarant que les structures «profondes» du type «A est B» auraient des sens multiples et surtout pourraient se fonder également sur des prédicats adverbiaux (cette dernière explication aurait pu être donnée sur la base des puristes allemands du 19ème siècle qui connaissaient déjà le problème du *hiesiger Hofrat*, du *ehemaliger Minister* et de la *gestrige Vorlesung*. Je ne sais pas si cette démarche d'explication peut être élargie bien au-delà de l'allemand).

La naissance et l'évolution de la linguistique en Europe

Saussure est à vrai dire le «précurseur» de la seule linguistique européenne. La réception et l'exégèse et même l'édition de Saussure sont devenues dans une certaine mesure l'expression des Écoles plus récentes, moins pourtant que ne l'auraient jugé bon nombre de chercheurs.

Grâce à l'empirisme et aux procédés logiques et analytiques qui y ont été joints ont été atteints les résultats d'importance et d'influence considérables, qui étaient tous interdépendants et conditionnés par leur fidélité au patrimoine intellectuel d'un structuralisme avec diverses nuances fonctionnelles. Je suis porté à regarder les développements scientifiques suivants comme ayant été particulièrement importants et influents dans l'évolution de la linguistique européenne pendant la période qui nous intéresse:

1. La publication (1959, par Fourquet) des *Éléments de syntaxe structurale* de Tesnière, qui contenait au début une «profession de foi humboldtienne» (Benveniste 1960a) a pu fournir, par la suite, grâce à la grammaire dépendancielle qui en est sortie, un outil puissant et efficace pour répondre, en Europe, à la grammaire générative-transformationnelle américaine. Bien qu'il y ait eu, en fait, un prédécesseur avec Bally, qui parle déjà des «transpositions» (cf. Albrecht 1988:256) et qui a peut-être été une source commune (!!) d'inspiration pour la grammaire dépendancielle ainsi que pour la TGT, la publication préalable, polycopiée, de l'*Esquisse d'une syntaxe structurale* (1953) fut accueillie avec assez de froideur, parce qu'entre

autres choses, «une langue, ici le français, représente un ensemble de faits beaucoup plus complexe que ne le laisse entendre cet opuscule, complexité qui ne vaut pas contre le structuralisme, mais contre la tendance manifestée par un structuralisme qui est trop vite une simplification excessive.» (Wagner 1953:76); cf. dernièrement Lambertz 1992 pour de prétendues «insuffisances et inconsistances», qui gêneraient l'application de ces vues à un corpus textuel cohérent. Or, il est important de souligner dans ce contexte que «translation» n'égale pas «transformation» en raison de la différence entre le transformandum et le transformatum quant au contenu catégoriel.

Nous considérons que la doctrine tesniérienne de valence et la grammaire dépendancielle qui en dépend constituent la contribution la plus importante de la linguistique européenne dans la période envisagée ici. La théorie de Tesnière a forcé le générativisme à formuler une définition du concept de «transformation», et inversement la théorie générative-transformationnelle, une fois créée, contredit essentiellement l'esprit et les fondements conceptuels de la théorie tesniérienne, en ce qu'elle fonde dans une large mesure les fonctions syntaxiques sur des entités sémantiques, préconçues ou non, et pour ainsi dire «force» l'Europe linguistique à «répondre» par une théorie indépendante de la sémantique et encore directement dérivée de la doctrine de Tesnière.

2. En 1946, Martinet attire l'attention du grand public des linguistes européens sur les *Omkring Sprogteoriens Grundlæggelser* hjelmsleviens, dont il dit:

> «A tous les linguistes qui savent lire le danois nous recommandons vivement cet ouvrage d'une prodigieuse richesse, bien ordonné,... clairement et rigoureusement pensé. ... La contribution qu'apporte Hjelmslev à l'édification de notre discipline est trop essentielle pour que nous ne désirions pas en voir exclue toute trace d'hermétisme,»

et il reconnaît la dette de la linguistique européenne envers les Danois en disant (selon Szemérenyi 1982: 173) que

> «Early contacts with the Danish originators of *glossematics* have played an important role in the development of functional linguistics»

L'introduction, vers la fin des années cinquante, par Martinet (cf. Robins 1973:70; Szemérenyi 1982:176 voit dans Henri Frei un précurseur) du «monème», terme qui désigne un élément significatif minimal (spécifique dans chaque langue), facilite l'accès à un structuralisme européen qui n'est pas exclusivement applicable au niveau phonologique, mais constitue une méthode d'analyse appropriée à la nature du langage humain et à son mode de fonctionnement, méthode indépendante du matériau qui constitue la base des données. Le monème est le correspondant «significatif» des éléments «distinctifs» dans le cadre de la «double articulation» (concept et terme formulés par Martinet 1949b, mais attribués à Saussure à la suite d'un apparent malentendu par Szemerényi 1982:170); l'influence de ce concept s'est fait sentir surtout dans les limites de la francophonie. Or, le monème entre dans des rapports paradigmatiques aussi bien que syntagmatiques comme le phonème, qui est classé comme distinctif, et on peut dire qu'en effet le monème est lui aussi «distinctif» par rapport à la signification des unités d'expression plus complexes. Les bases de la doctrine du monème se sont trouvées élargies et leur application se trouve étendue par un développement hiérarchique qui présente, sur une échelle ascendante allant du monème jusqu'à des structures significatives au niveau de la phrase, une seule procédure d'analyse à tous les niveaux de l'expression (Heger 1971). Martinet est resté à mon avis le linguiste le plus hjelmslevien, hors du Danemark naturellement, dans la période dont nous rendons compte. C'est à lui, par conséquent, qu'on doit la réception de la notion et du terme «glossématique».

3. La création même de l'École glossématique préconisée par Martinet constitua en effet l'émergence d'une forme de pensée toute nouvelle, beaucoup plus portée vers l'abstrait que les méthodes précédentes (Uldall 1957), même celles des mêmes savants danois (Fischer-Jørgensen 1943 = 1979:40-54). Un coup d'œil sur le terme «glossématique» créé en 1936 (Spang-Hanssen 1961:128) et sa forme même nous permettra peut-être de mieux comprendre la nature de la pensée qui l'a inspiré. On est porté à souligner l'élément γλῶσσα dans ce terme, en posant qu'il s'agit essentiellement d'une théorie qui s'applique au langage en tant que tel. Or, le suffixe aussi a son importance à une époque où on avait déjà acquis l'habitude, pour marquer la pertinence d'un élément linguistique, d'utiliser le suffixe tiré du grec, -ημα, ajouté à un thème qui indique le niveau d'analyse (morph-, phon- etc.). Mais si le -emat- de *glossématique* indique clairement qu'il s'agit d'une théorie destinée à la découverte d'éléments pertinents et à leur décomposition en traits pertinents, le thème auquel le suffixe est ici ajouté, étant d'un type autre que *phon-*, *morph-* etc., à savoir la base très générale *gloss-*, fait apparaître que nous avons ici affaire à une méthode qui s'élève au dessus des niveaux définissables et dont la validité s'étend à tous les niveaux (Hjelmslev 1954). De là la création de termes «hors-niveau» tels que «cénème», «plérème», et en dehors de la dérivation en -*ème*, de termes comme «fonctif», «dépendance» et spécialement «syncrétisme» qui — à nos yeux — exprime et symbolise la fonctionalité (sémantique et non sémantique) des éléments «archi-» et des neutralisations plus clairement que «neutralisation» ou «Aufhebung». D'autre part, cette «glossématique» situe plus clairement l'étude des langues dans le domaine des sciences traitant la pensée humaine sinon dans celui d'une logique quasi-mathématisée, tout en restant une méthode analytique (Spang-Hanssen 1961:136). Dans quelques contributions non danoises en l'honneur de Hjelmslev, la méthode et la technique de l'analyse phonologique sont transférées explicitement à la morphologie (Fourquet 1949) et à la syntaxe (Bazell 1949) et exemplifiées dans ces domaines. La solidarité des conceptions de «forme» est selon nous la marque distinctive du structuralisme européen, le distinguant de toute approche qui assigne illogiquement des techniques différentes de

présentation et de description aux couches séparées de la «substance» de la langue. L'approche empirique présupposant le concept d'un «corpus», il se pose un problème dont la meilleure formulation est décelable dans la position de fond de l'École glossématique, formulée ainsi:

> «L'objet d'une description immanente est ... la langue considérée comme un texte sans fin.» (Togeby 1951:16).

Cette formule, qui n'est pas sans rappeler quelques expressions utilisées par les générativistes désireux de s'évader de la «base de données» textuelle, nous paraît comporter une risque d'exagération de l'analyse de corpus, au moins en ce qui concerne son application pratique. Un aspect de la glossématique qui, à notre avis, n'est guère parvenu à se répandre, est ainsi une réinterprétation très généralisée du concept de «fonction» l'enfermant entièrement dans le système formel de l'expression plutôt que lui attribuant aussi un rapport au contenu. On peut penser que c'est cette grande abstraction, cette quasi-mathématisation de la glossématique, source sans aucun doute de la création d'une certaine distance entre la pensée et l'analyse des langues dans leur réalité matérialisée, qui a provoqué l'accueil parfois «refroidi» d'une partie de l'École française (cf. Benveniste 1953:3-4).

4. La création, naturellement progressive, par Benveniste d'un système global d'analyses catégorielles des systèmes des langues le mieux connues, a fourni un modèle qui allait servir pour le travail de quelques «Écoles» postérieures, comme celle de Jérusalem, qui souligne comme Benveniste le «principe simple», cité par Jean Perrot (1984a:18sq.) comme le principe fondamental de la doctrine:

> «quand deux formations vivantes fonctionnent en concurrence, elles ne sauraient avoir la même valeur; ... il incombe aux linguistes de retrouver ces valeurs.»,

Ce modèle permet finalement d'orienter les efforts du linguiste sur l'étude des cultures et civilisations humaines, grande œuvre de Benveniste.

5. Des méthodes et surtout des techniques d'analyse structurale sont présentées par Glinz (à l'aide de substitutions et de tests de compatibilité ainsi que d'omissibilité, ce processus débouchant sur une notion de «phrase grammaticale») lors du développement de la «grammaire référée au contenu», («inhaltsbezogene Grammatik») d'une conception proche des doctrines de Weisgerber, dans laquelle les «contenus» sont établis d'une manière strictement empirique à partir de l'identification des éléments d'expression distincts. L'influence de Glinz a été grande dans l'espace germanophone (cf. Helbig 1970:216-135) par le canal des Écoles auxquelles il fournissait de nouvelles voies de pensée et d'analyse (1957), particulièrement en ce qui concerne l'identification des classes de mots («parties du discours», 1947).

A fait également époque la conférence *Phonology as functional phonetics* de Martinet (1949a), bien que l'accueil ait été en France quelque peu «tiède», peut être parce qu'on n'en a pas entièrement saisi la portée (p. ex. Wagner 1950), car en fait il renouvelle la discussion sur les bases de la phonétique du langage, en

> «ne croy<ant> pas que la parution des *Grundzüge* [de Troubetzkoy] marque la fin d'une période de discussions théoriques.»

Il ne faut pas oublier non plus la perpétuation de la distinction entre la synchronie et la diachronie dans le domaine de la phonologie, institutionalisée par Jakobson dans son appendice aux *Grundzüge*, et menée à une formulation clairement explicitée par Martinet dans son *Économie des changements* (1955). La suite qui a été donnée à ces deux prises de position par nos contemporains n'a pas eu — selon nos vues personnelles — l'ampleur qui aurait été souhaitable et utile. Nous ne pouvons échapper à l'impression qu'il existe encore aujourd'hui quelques linguistes européens, sans parler de ceux d'Outre-Atlantique, qui se plaisent à concevoir la phonologie comme une discipline appartenant purement et proprement à la recherche synchronique.

Bien que les linguistes européens n'aient pas oublié jusqu'à ce jour que leur discipline est une science de la langue, et que c'est bien de la langue qu'elle s'occupe, il s'est avéré utile de le rappeler quelquefois; ainsi encore en 1964:

> «More recently … under the influence of the work of Chomsky some linguists have tended to regard linguistics [as dealing] not with language but with linguistic competence. That is to say, for them the subject matter of linguistics is not organized data, but the organizing power capable of producing that kind of data. For these linguists, therefore, a grammar is not a description of the regularities discernible in a language, but a description [sic! H.R.] of a device capable of generating all the (grammatical) sentences in a language.» (Thorne 1964:41)

Bien que ces lignes, incluses dans un article traitant de l'utilisation de machines pour une analyse syntaxique («parsing») en vue de la création d'une méthode de traduction mécanique, aient été, à notre avis, adressées principalement à des savants extra-européens, leur auteur juge bon de les énoncer dans ce qui est, pour ainsi dire, l'organe quasi-officiel et faisant autorité de la linguistique britannique, les *Transactions of the Philological Society*.

Historiographie et auto-réflexion

La linguistique européenne connaît un nombre non négligeable de traitements de son histoire et de son caractère spécifique. Ceci s'explique à mes yeux par le fait qu'il y a chez ses représentants une conscience claire de leur histoire, des bases philosophiques auxquelles ils doivent les orientations propres qu'ils ont fait prendre à leur discipline dans leurs travaux approfondis.

Au delà d'esquisses destinées — semble-t-il — plutôt à l'initiation (Szemérenyi 1971, 1982, Malmberg 1983), mais qui dépassent les limites de l'«Europe» proprement dite, on trouve des témoignages intéressants d'une véritable auto-réflexion historique chez Malmberg (1959–1962) et dans l'essai de Mayrhofer (1981) sur la réception de Saussure. Néanmoins, la conscience qu'ont les savants européens du caractère particulier de leur science produit un type de travaux que l'on ne retrouve pas outre-mer: les grands manuels analytiques présentant les concepts scientifiques et les terminologies s'y rapportant, comme le «Lexique» (toujours en livraisons) de Knobloch, ouvrage de grande envergue, dont les articles fournissent des renseignements exhaustifs sur l'histoire européenne et extra-européenne des concepts présentés et de leur emploi dans les écrits savants, ou comme le «manuel» encyclopédique de Stammerjohann, qui centre l'intérêt sur les courants contemporains, y compris la linguistique appliquée, sans trop insister sur l'évolution des concepts et des pratiques terminologiques.

D'autre part, si les linguistes du monde européen se sont abstenus d'expliciter leurs bases méthodologiques et leurs techniques de travail — l'exemple classique est la non-publication du *Cours* de Saussure de son vivant — cette attitude doit s'expliquer par le fait qu'assez souvent ils se sont montrés moins soucieux que leurs confrères d'outre-mer de créer des Écoles formant des disciples ou adhérents auxquels ils pourraient enseigner ou imposer les procédures qu'ils considèrent comme les plus fiables à léguer à leurs successeurs; pour les linguistes européens l'objectif essentiel a été plutôt la découverte des «faits de langues». Le meilleur, voire le seul moyen pour se familiariser avec les courants de pensée importants est de consulter en les analysant attentivement les grands ouvrages qui font autorité et les synthèses définitives écrites par de grands esprits créateurs, comme, à titre d'exemple, la *Modern English Grammar* de Jespersen, et de «puiser» dans les descriptions de faits la base méthodologique implicite (cf. Mossé 1942–1945, cité plus loin). Par ailleurs, la tendance qui s'observe dans la linguistique européenne, de l'avis de la quasi-totalité des auteurs qui en rendent compte, et qui consiste à prendre appui sur le matériau philologique, a ajouté aussi un élément de fiabilité aux découvertes, aux hypothèses et aux descriptions de tous les chercheurs.

La linguistique européenne se révèle moins portée à être «générale» au sens que donne cet adjectif ajouté au substantif «linguistique», c'est-à-dire à mettre en relief la formulation théorique, — moins que le monde savant extra-européen, pour lequel le terme «linguistique» pur et simple équivaut très souvent à «linguistique générale». Ses publications savantes sont par conséquent beaucoup moins doctrinaires et laissent le champ ouvert à des discussions méthodologiques fécondes. A ma connaissance il n'existe en Europe dans la période considérée qu'un seul organe qui se définit comme *Review of General Linguistics*, la revue néerlandaise *Lingua*. Elle comportait un nombre surprenant d'études d'auteurs extra-européens, de questions et de discussions de détail dans des langues peu étudiées et mal explorées, questions très souvent traitées sous un intitulé extrêmement général qui ne laisse qu'occasionnellement deviner, grâce à un sous-titre, qu'il s'agit d'un détail se révélant dans une langue individuelle donnée, peut-être la seule à présenter le phénomène indiqué ou circonscrit dans le titre de l'article. Que l'on veuille bien pardonner la «généralisation» de notre critique, due au fait qu'une présentation de ce genre, peu appréciée par beaucoup de nos confrères, non seulement tend à attribuer une valeur et une importance excessives aux faits traités, mais aussi risque d'amener l'auteur à voir ces faits dans une certaine optique phénoménologique, et en outre à fournir des exemples de fond parfois déjà déformés comme base pour une discussion savante voulue par l'auteur.

Quelques concepts de fond

La dichotomie synchronique: diachronique

La distinction entre les points de vue synchronique et diachronique se fait sentir plus fortement. Pour ce qui est de la diachronie, il s'agit foncièrement d'une succession, or la nature multiple des successivités (HBR 1970a=1982:56-72) pourrait créer des confusions. La succession des états de langue, qui est une succession dans le temps physique, une véritable «diachronie», s'oppose à d'autres types concevables de succession en matière de langue. D'un côté, il y a les successivités dans la synchronie comme la «successivité» de la réalisation: l'existence d'une structure sous-jacente, partie intégrale du système «langue», doit être saisie et conçue «avant» la matérialisation en parole réelle. Il y a encore la successivité hiérarchique des niveaux (la forme morphologique précède l'énonciation phonique). Et à son tour cette succession n'est point la même chose que le concept guillaumien d'«après», selon lequel le fait de s'exprimer par la langue vient «après» la pensée de l'objet sur lequel on s'exprime, car «il faut du temps pour penser». Cette notion rappelle l'idée de Lessing dans *Le groupe de Laocoon. Sur les frontières entre la peinture et le poésie*, où il est souligné que l'expression par des moyens linguistiques comporte forcément une succession qui n'apparaît pas dans la présentation ou dans l'observation d'un tableau). Il apparaît que jusqu'à notre époque on n'a pas prêté une attention suffisante à des mises en garde comme celles de Gougenheim (1946:77) qui proteste contre le fait qu'un auteur

> «emploie constamment le signe > pour marquer non seulement l'évolution phonétique, mais aussi les changements morphologiques. ... Cette notation risque, à notre avis, de jeter le trouble dans l'esprit des débutants. Il nous paraît préférable de présenter de façon différente *les deux ordres de faits*.» (mis en italiques par moi, H.R.)

On a l'impression que c'est surtout l'École scandinave qui s'intéresse à la relation entre la synchronie et la diachronie, ou plus exactement à l'interaction entre les deux. Car pour les principaux chercheurs de cette région, la conception selon laquelle si des états synchroniques doivent être présents dans toute succession diachronique, de même des «mouvements» diachroniques naissent dans toute synchronie, conduit à un certain degré de prévisibilité des développements (Sommerfelt 1962). On souligne l'existence simultanée de deux systèmes (phonologiques), l'un en cours de disparition, l'autre en cours d'expansion, dans un même état de langue (Malmberg 1940, 1969, 1973:155-159). La diachronie ne sera pas simplement une addition ou soustraction de «règles» (cf. Anttila 1979).

C'est Coseriu qui nous a donné une présentation profonde (1958) du rapport entre la synchronie et la diachronie; il le relie à la conception humboldtienne qu'il perpétue, décrivant la langue plutôt comme une «energeia» que comme un «ergon», cette activité «créative» entraînant les changements qui interviennent. Ce même «énergétisme» donne un appui à la reconnaissance de la nature essentiellement humaine de la langue, ce qu'a enseigné plus tard avec force Weisgerber (1973:104-148), qui exige qu'en conséquence la recherche soit elle-même «énergétique» en tenant compte des phénomènes socio-humains.

Le concept d'«historique»

Pour ce qui est de la tendance historiciste dans la linguistique européenne, «historique» n'est pas nécessairement un synonyme de «diachronique», tout au moins dans le cas qui nous occupe. Le terme «historique» signifie qu'il s'agit de reconnaître, sur la base de ce qui est donné, à savoir les témoignages philologiques, les caractéristiques et les traits essentiels des langues étudiées. En vertu de quoi si les langues anciennes et les grandes langues littéraires, les langues de civilisation occupent une place de premier plan, les études qui leur sont consacrées se situent de façon prépondérante sur le plan fonctionnel, c'est à dire synchronique. C'est pour cette raison que la science européenne des langues est tout particulièrement apte à reconnaître les contenus et les courants et tendances des littératures de tout genre qui nous ont été transmises. Le terme «histoire» s'inspire de la «Geschichte» allemande et ne doit pas tendre un piège à notre effort pour arriver à une conception correcte: n'oublions pas «Geschichte» fait partie du titre des *Prinzipien der Sprachgeschichte* de Hermann Paul. Il ne s'agit point en première ligne des diachronies, mais dans une large mesure de procès et de relations de nature purement synchronique. Bien que *Geschichte* soit dérivé de *geschehen* «se passer», il exprime alors le sens hérodotéen de ἱστορίη, le «savoir», le «témoignage», comme on le voit à l'évidence justement dans des désignations allemandes traditionnelles des sciences: *Natur«geschichte»* «sciences naturelles», *Kunst«geschichte»* etc.

Les dichotomies social: individuel et langue: parole

Est-ce qu'on doit entendre par «linguistique créative» une entreprise qui mène vers la «créativité» du «language builder» d'Hagège? N'était-ce pas la conception de Coseriu que la diachronie consiste en une créativité qui donne naissance à des possibilités «grammaticales», ce qui serait très proche des vues d'Hagège? Coseriu, pour sa part, est en faveur de l'intégration de la diachronie dans la synchronie et dans la dualité «ergon»–«energeia», dont la liaison avec la diachronie se réalise par le fait que celle-ci est une «activité» et est donc «créative». Cela a très peu à voir avec la «créativité» dont on parle outre-mer, parce que le lien à l'homme qui est professé par les deux pôles de la linguistique contemporaine est, pour les Écoles extérieures à l'Europe, un lien à l'individu (psycho-linguistique, neuro-linguistique), tandis que la science européenne, en parlant de la créativité, a dans l'esprit la société humaine, se tourne vers elle et conçoit la langue comme une extériorisation de la communauté, ce qui nous renvoie aux cultures et civilisations. Elle tend à élucider les phénomènes humains en prenant l'homme comme un ζῷον ἀγελαστικόν, et non pas comme réalisant dans l'isolement un individualisme pur. On ne doit pas oublier que l'opposition entre la collectivité et l'individu est en partie à la base de la distinction saussurienne *langue—parole*, ce qui constitue une différence foncière entre cette distinction et celle du générativisme «compétence—performance», opposition dont les deux termes appartiennent à l'individu.

L'élément social

Un élément social ultérieur s'intercale dans l'opposition «langue-parole», que Coseriu caractérise comme «insuffisante»: il exige (cf. 1952, 1962, 1969) qu'on reconnaisse une troisième entité, en scindant le concept de «langue» en deux: «langue» et «norme», cette dernière n'étant pas constituée par des éléments «pertinents» ni même par leurs réalisations, mais par des faits ou phénomènes, disons habituels, «extrafonctionnels», qui accompagnent de façon régulière et constante les réalisations dans des situations sociales et communicatives données. Le «système» se situe à l'intérieur de la «norme» et celle-ci à l'intérieur de la «parole», la «norme» étant un premier degré d'abstraction de la réalité qui se révèle dans la parole, dans les actes de langage, le «système» en représentant un deuxième degré. En somme, la notion de «norme» est une notion qui apporte du «social» dans notre pensée linguistique et a beaucoup à voir avec l'identification ou la caractérisation d'un sujet parlant en tant que membre d'une collectivité.

Hagège et Haudricourt (1978:207) concluent leur exposé des facteurs «diachroniques» intervenant dans les systèmes en disant que

> «le recours efficace aux explications structurales ne met aucunement en cause le caractère social de la langue et de sa genèse historique».

Or, nous ne croyons pas que notre discipline depuis Saussure ait eu une «orientation socio-linguistique», au moins dans l'acception actuelle de ce terme, qui en fait une discipline limitrophe. Selon Malmberg (1969)

> «Le problème de l'évolution linguistique prend donc ... un aspect nouveau et vient compléter d'une façon naturelle l'aspect entièrement synchronique qui avait été une nécessité au début. Dans un cas comme dans l'autre, l'approche du chercheur est structurale dans ce sens que l'objet de l'analyse est le rapport, et le système de rapports, entre les éléments du langage et entre langage et vie sociale ... La méthode historique née de la méthode comparative d'un Rask est redevenue grâce au structuralisme une méthode comparative: une analyse de rapports entre des systèmes de langue et des systèmes sociolinguistiques.»

De telles lignes de pensée pouvaient, à travers l'intérêt linguistique porté aux régions lointaines auxquelles d'importants chercheurs scandinaves, et surtout Sommerfelt, consacraient leur attention et qui constituent le foyer d'activité de grands chercheurs français groupés autour d'André Haudricourt, conduire à mettre en relief, au début dans le même domaine d'études, d'un côté la conception déjà saussurienne du «panchronique», de l'autre côté l'importante notion de la «socio-opérativité», mise au premier plan par Hagège (1992:I.107-116): il souligne le facteur social dans l'émergence des formes de langue, dans une conception fondamentalement évolutive de la langue qui est à la base du «constructeur de langue» (Hagège 1993).

Il nous paraît très possible que bon nombre de nos confrères partagent notre vision des choses en considérant que le meilleur moyen de déceler l'essentiel d'une culture est l'analyse structurale du système catégoriel de ses sujets parlants, «structural» évoquant ici les relations existant entre des termes fonctionnellement distincts. Le réseau de distinctions ainsi découvert rejoint de plus en plus les distinctions essentielles de la civilisation en question. Il n'est point besoin de répéter cette vérité héritée de générations de chercheurs; mais, si nous avons réussi à saisir ici dans une formulation acceptable l'essence des orientations dominantes de la linguistique européenne, nous avons en même temps donné la justification du point de vue exprimé par le titre même du présent rapport: pour la linguistique européenne, il s'agit d'une «recherche des fonctions et des structures». Seule cette recherche reflète un esprit néo-humboldtien véritable, pareil au tableau peint par Weisgerber, et elle seule conduira à la reconnaissance des cultures et de leurs valeurs, alors que toute autre orientation risque de nous faire renoncer à la recherche de ces valeurs, sort qui a été celui de maints courants extra-européens qui ont probablement très volontiers renoncé — malgré la tradition d'un Whorf et d'un Boas — à la reconnaissance de ces importantes valeurs humaines.

Nouveaux courants — la naissance de nouvelles idées

La théorie naturaliste

Une auto-réflexion ne recommence en Europe qu'avec la naissance de certains courants qui y fleurissent et qui caractérisent actuellement l'activité des chercheurs européens, mais prennent leur origine ou leur inspiration dans le générativisme américain, en tentant de le concilier avec les fondements des Écoles européennes. L'un de ces deux courants est orienté vers la description des processus conçus comme «naturels», l'autre est la «grammaire fonctionnelle».

La Théorie Naturaliste, née à Chicago (Darden 1974) au plan phonologique et limitée à ce plan aux États-Unis, aspire à arriver à la définition de ce qui est «naturel» dans les langues à travers différents parcours, entre autres la prise en considération des processus de grande expansion qui se trouveraient dans un très grand nombre de langues et ne seraient contredits que par très peu de langues, synchroniquement ou diachroniquement. Cette orientation théorique est donc relativement proche de certaines conceptions appliquées à la recherche des universaux. D'autre part, étant donné que le naturel devrait être conçu comme moins compliqué que le non naturel, on arrive — par une recherche du simple — à certaines procédures de la théorie générative, plus exactement à la phonologie générative, et de là dérive une définition caractéristique du marqué («markedness») qui pose le non-marqué comme «naturel». Cette théorie aurait pu s'inspirer des formalisations de Kuryłowicz (1949b) appliquées au naturel des processus morphologiques d'«analogie» C'est surtout Dressler, participant à la conférence de Chicago, qui transporta la théorie en Europe, plus exactement dans son centre de recherche autrichien; il en étendit la validité (Dressler 1980) à la morphologie et même, du point de vue diachronique, à la sémantique et créa la morphologie naturelle en s'efforçant une fois de plus de définir plus clairement la notion de «naturel», en créant davantage de liens avec les théories typiquement européennes comme celle de Coseriu que cela n'était le cas à Chicago (cf. Dressler 1987:8-9). Si l'on veut évaluer les objectifs de la théorie naturaliste ainsi que les résultats atteints par elle, il faut, semble-t-il, reconnaître que bien des constatations portant aux faits de langues ne soient pas aisément possibles à partir de ces vues. Cependant la théorie est précieuse et intéressante en ce qu'elle permet de prédire avec un certaine degré de vraisemblance (grâce aux éléments statistiques qu'elle a intégrés) certains processus diachroniques au plan historique collectif (qui se laissent vérifier *ex euentu* dans l'histoire réelle des langues) ainsi qu'au plan individuel à partir des phénomènes d'acquisition des compétences linguistiques chez l'enfant.

Dans le domaine de la morphologie, la théorie «naturaliste», qui tend à poser un parallélisme d'apparence «naturelle» entre la quantité du contenu signifié et celle de la masse phonique signifiante, n'a pas beaucoup de profit à tirer de l'une des découvertes saussuriennes les plus frappantes et les plus importantes, et l'une des plus abstraites aussi: le «signe zéro», qui n'implique pas l'absence d'une valeur d'information, mais peut, à l'occasion, être porteur d'une valeur positive réelle. On ne peut surestimer l'importance de ce signe particulièrement dans l'École genévoise (Godel 1953), mais il faut en même temps en signaler la non-utilisation dans la majorité des méthodes d'Outre-Atlantique, qui, prenant leurs distances à l'égard des entités non matérielles au plan de la surface, n'admettent cette notion que là où une absence de «valeur sémantique» est préconçue dans les formes construites dites profondes. Une telle démarche risque d'oblitérer la précieuse différence faite entre le «zéro» et le «nothing», telle qu'elle a été présentée à ses confrères américains par Hoenigswald (1959) dans une allocution présidentielle à la réunion annuelle de la Linguistic Society of America.

La grammaticalisation

Un autre point de vue, instituant lui aussi un rapport entre la «masse phonétique» d'une entité morphématique et son poids fonctionnel ainsi que l'extension du paradigme catégoriel auquel cette entité appartient, se réfère à la nature grammaticale des moyens d'expression (qui peut être facultativement conditionnée, vis-à-vis de la nature lexicale, pertinente) de tous ordres (paradigmatiques, syntagmatiques, suprasegmentaux); notons que la nature lexicale d'un moyen d'expression est intrinsèquement pertinente, tandis que sa nature grammaticale est facultative et souvent conditionnée, d'où naît le processus unidirectionnel de changement de statut selon un principe fondamental de la diachronie. L'examen des aspects diachroniques de cet ordre de faits, dont l'approche n'est au fond qu'un élargissement et une formalisation de la doctrine morphologique humboldtienne de la «Entstehung der grammatischen Formen», selon laquelle la totalité des morphèmes non libres doivent leur existence à la réduction phonique et fonctionnelle de «mots» à pleine valeur lexicale, conduit à une théorie de la grammaticalisation qui, bien que préconisée par l'École néo-humboldtienne de Cologne (Chr. Lehmann 1982, puis plus largement élaboré 1995, Heine 1991), se répand aux États-Unis — comme la théorie naturaliste — à partir d'un symposium (organisé par Paul Garvin à Oregon en 1988, v. Traugott–Heine 1991), mais regagne rapidement l'Europe, où elle s'enracine fermement en découvrant des principes quasi universels, connus dans pratiquement toute langue bien étudiée. Un axiome important ainsi formulé est celui de l'unidirectionalité, dont nous venons de faire état, selon lequel les entités morphologiques en question «descendent» toujours d'un statut plus élevé à un niveau plus bas (p. ex. du niveau du «mot lexical» à celui de l'«outil grammatical»), mais ne sont apparemment jamais engagées dans la direction inverse, théorème néanmoins non démontrable. Dans certaines classes de moyens d'expression, on observe le passage d'entités lexicales librement collocables à des morphèmes à position fixe à l'intérieur de formes grammaticales, parcours qui passe par des emplois mécaniquement réglés, mais pas encore rigoureusement positionnés — les «auxiliaires», qui ont été assez complètement examinés, y compris en ce qui concerne leur origine (Heine 1993a, HBR 1993), dans le domaine verbal, mais non pas dans le domaine nominal où ils fonctionnent également (p. ex. dans le passage d'adverbes au statut de morphèmes casuels dans les langues romanes et autres à travers le statut de prépositions en latin).

La grammaire fonctionnelle

Une forte tendance à l'auto-réflexion se manifeste dans le courant de la Grammaire Fonctionnelle (à ne pas confondre avec la «linguistique fonctionnelle»!), dont Mackenzie esquisse en 1992 le caractère et le développement. Cette doctrine distingue une linguistique et une métalinguistique, discours sur la linguistique plutôt que sur des langues. Elle doit son existence à la pensée du chercheur néerlandais Simon Dik (1978) et est restée essentiellement (avec plusieurs élargissements, Dik 1980 et Dik, éd. 1983) l'héritage des savants hollandais. On peut soulever des doutes quant à l'appartenance de ce courant aux Écoles européennes proprement dites, car cette École s'est ouvertement posée comme générativiste, mais issue d'une réaction contre les méthodes chomskyennes (suivant les «commentaires» de Uhlenbeck rédigés entre 1962 et 1972) et a pris position du point de vue sémantique sur la notion de «mot», notion centrale dans l'École hollandaise et tout particulièrement chez les «fonctionalistes», mais représentée d'une manière assez floue chez les générativistes; les tendances transformationalistes sont apparues à Dik particulièrement nuisibles et peu exploitables. Il aspire à améliorer les bases de sa doctrine en écartant les transformations, ce qui a le grand avantage de ne pas forcer à passer par des structures non grammaticales pour arriver à une surface grammaticale réelle (Dik 1989:17). Ce que se propose l'École fonctionaliste, c'est d'examiner la grammaticalité des phrases sur la base des propriétés sémantico-grammaticales des composants, afin de pouvoir formuler les faits de compatibilité de ceux-ci avec des moyens d'expression grammaticaux. Les premiers travaux fonctionalistes ont été précédés d'un autre ouvrage néerlandais, mathématisé, hyper-formel et d'une extrême difficulté de lecture (Ebeling 1978), qui formule la relation entre la syntaxe et la sémantique en créant une grammaire structurale des traits sémantiques, ou plutôt deux grammaires, l'une de l'émetteur des messages, l'autre de leur récepteur. Le fonctionalisme de l'Ecole néerlandaise, qui a beaucoup en commun avec le modèle martinetien, s'écarte de la grammaire fonctionnelle «systémique» de Halliday, chez qui la fonctionalité du langage est essentiellement d'ordre social

(1976). Après les premières présentations de la méthode néerlandaise, il y a
eu de plus en plus d'illustrations tirées des faits de langues pour démontrer
la validité de cette approche et l'adapter aux emplois et aux exigences des
ordinateurs (Connolly-Dik, edd., 1989). Parmi les langues traitées, le latin
occupe une place importante, grâce à la tradition scientifique à laquelle se
reliait la formation personnelle de Dik aussi bien que celle de ses disciples
et adhérents d'Amsterdam, Harm Pinkster, Machtelt Bolkestein et autres,
dont la contribution à l'essor de la syntaxe scientifique du latin est considérable. Il reste à espérer que la grammaire fonctionnelle pourra bientôt
développer une technique non seulement pour appliquer, mais aussi pour
découvrir les catégorisations sémantiques dans les langues anisomorphes
étudiées, catégorisations dont la connaissance est indispensable pour en évaluer la compatibilité avec les structures grammaticales. L'une des facettes
importantes de la grammaire fonctionnelle est son adhésion à une conception ternaire de la fonctionalité des séquences syntaxiques simples: distinction du «but» et de l'agent, de l'objet et du sujet, du «foyer» («focus») et
de ce qu'on appelle le topique. Par là la grammaire fonctionnelle a su incor-
porer les idées fondamentales de la «functional sentence perspective» pragoise dans son propre horizon, parfois sous l'étiquette de «pragmatique»
(choix peu heureux car la liaison entre la pragmatique et l'analyse transphrasale couplée avec l'analyse syntaxique au plan énonciatif ou communi-
catif paraît trop branlante pour fournir un objet solide d'étude et d'analyse.)
En retour, la grammaire fonctionnelle pousse les Pragois et autres à réfléchir
de nouveau sur la fonction énonciative, non seulement en termes d'ordre
des composants de la phrase, mais aussi en prenant en compte les moyens
d'autre nature (Sgall–Nebeský–Goralčíková–Hajičová 1969, Novák 1974,
Sgall, ed. 1984, Hajičová 1992), qui assurent l'expression des catégories
énonciatives ou communicatives (HBR 1987a=1994a:113-140, 1994c).
L'aptitude particulière de l'École néerlandaise à la présentation en formules
(indiquant les propriétés grammaticales et sémantiques des composants) lui
a permis de développer un instrument commode pour le traitement par ordi-
nateur, notamment pour l'analyse (parsing) de phrases en vue de la traduction automatique, ce qui souligne l'intérêt croissant d'Amsterdam pour le
domaine de la linguistique appliquée. Par ailleurs, certains chercheurs de la
Arbeitsstelle de Berlin se sont réjouis d'avoir créé un «néostructuralisme»
(Lieb, ed., 1992), mais la justification de cette référence au «structuralisme»
reste encore à démontrer.

La grammaire des textes

Dans le contexte de la «grammaire des textes» (qui est la face relativement formelle de la linguistique dite «du texte») couplée avec la «pragmatique» il se développe une branche très typiquement européenne, dont le
point de départ est l'étude de Benveniste sur la relation des temps dans le

verbe français, où il est montré que l'inventaire des temps verbaux ne peut pas être assujetti à un seul paradigme de sélection, et que le recours à la notion d'«aspect» n'est pas suffisant. Benveniste (1959) propose d'introduire un critère complémentaire qui dépend de ce que l'on nomme plus tard «l'attitude» du «sujet parlant», selon qu'il «discute» d'une chose ou en «fait un rapport»: ainsi p. ex. l'imparfait français appartiendrait à l'un de ces cadres communicatifs, le passé composé ou le passé simple à l'autre. Ces vues ont non seulement été élargies par Weinrich et étendues (Weinrich 1961, 1971) à d'autres langues romanes et à l'allemand littéraire, mais aussi fournissent la base de l'idée que le choix même d'un temps verbal dans un passage textuel servirait comme moyen de caractériser ce passage comme appartenant à l'un des «cadres de communication» mentionnés et de lui conférer par là le statut de membre d'un paradigme grammatical (du texte, bien entendu). C'est spécialement cet élargissement de la théorie benvenistienne qui a été assez violemment attaqué ainsi que la présentation sommaire de cette théorie dans une «Textgrammatik» de l'allemand (Weinrich 1993:198-211). Les attaques, qui sont venues particulièrement des représentants de la linguistique historique et comparée, opposés à des analyses trop purement synchroniques des faits (p. ex. Strunk 1968) ainsi que des chercheurs du domaine des textes classiques, qui voyaient dans cette approche (déjà envisagée par Weinrich 1961:290-301) un «tir contre la philologie classique et la linguistique historique» (Strunk 1969; v. des «rectifications» dans Fajen 1971), ont très vite pris le caractère d'invectives personnelles acerbes, comme en produit d'habitude périodiquement l'antagonisme traditionnel entre la «philologie» et la linguistique (Latacz 1974). Qu'il nous soit permis d'ajouter ici que les attaques fondées sur l'argument que les temps verbaux indiquent des espaces temporels ne portent pas, car la valeur temporelle de chacun des temps est bien reconnue dans cette doctrine, mais comme jouant à l'intérieur du paradigme de l'«attitude» du locuteur (Weinrich 1966), et de façon spécifique dans chaque langue examinée. Par ailleurs, quelques études entreprises dans les dernières années ont pu confirmer la validité de l'essentiel de ces théories même pour les langues classiques (p. ex. Hannah Rosén 1980).

La diffusion des idées

Enracinements et vicissitudes

L'évolution des préoccupations des linguistes et la diffusion des idées nouvelles lancées de temps en temps au cours de l'époque qui nous occupe s'insèrent organiquement dans le prolongement de la situation décrite par Jakobson dans son fameux aperçu historique qui va de 1918 aux années quarante (1963); lui aussi a signalé l'importance des notions de «structure» et de «fonction» (en tant que «moyen» et «but» de la langue) dans cette conjoncture scientifique; le titre de notre aperçu indique bien la parenté et l'affinité de ces vues.

Déjà en 1950 Alarcos Llorach introduit la méthode structuraliste, limité à une présentation des fondements et des notions de base de la phonologie pragoise, dans l'espace hispanophone, n'accordant qu'une place très réduite à l'application de cette doctrine à la langue espagnole, mais pour en venir plus tard (1969) à une extension de cette orientation méthodologique à d'autres niveaux d'analyse. Le Danemark, où était née une théorie d'une extraordinaire généralité, prit une direction en un certain sens inverse: Togeby, avec ses deux grands ouvrages présentant la langue française (1951, 1965) eut une influence considérable sur la linguistique française, très probablement grâce à des facteurs personnels qui créaient un lien entre les grands courants de la linguistique en France et les traditions du Danemark. En Allemagne la pénétration des idées structuralistes — bien entendu longtemps après la fondation proprement dite de ces méthodes, en allemand même, dans la phonologie pragoise-viennoise (Trubetzkoy 1939=1949) — a eu un point de départ dans un domaine extra-phonologique qui était même nouveau à l'intérieur de la doctrine structuraliste: la sémantique, à laquelle les techniques descriptives développées en phonologie furent étendues par Coseriu (v. plus loin, cf. Albrecht 1988:79 sq.).

Les limites chronologiques du présent rapport imposent une attitude de restriction et de réserve envers l'«École de Prague». Celle-ci subit une métamorphose (Vachek 1995). Ayant contribué à la pose des fondements des grands courants de la linguistique avant la deuxième guerre mondiale, elle se trouve actuellement en face de linguistiques qui, bien que se fondant sur la grande pensée pragoise d'avant-guerre, étaient déjà à un stade plus avancé de développement et jouissaient d'un grand prestige partout (Tobin 1988). On se tourne progressivement de l'accent mis avant la guerre (sous l'impulsion jakobsonienne) sur le slave vers une prédilection pour l'anglais (Vachek 1995:270-271) et on embrasse volontiers des idées étrangères au point de s'assimiler au moins en partie à des courants aussi non pragois que le générativisme (ainsi Sgall, Daneš, cf. Vachek 1979) et de ne conserver guère de détails qui soient spécifiquement pragois: nous avons une migration d'idées «en retour». Le cas le plus clair de ce genre est le destin de la «functional sentence perspective» issue d'un fameux article de Mathesius de 1929 et développée en une théorie des trois fonctions syntaxiques (Daneš 1964, Firbas 1964. 1974, 1975, Feuillet 1987, Perrot 1978a, Hagège 1978a); or, reprise par l'École de Prague dans les dernières décennies, cette orientation se poursuit selon un modèle qui rappelle les lignes de pensée américaines plus que celles du Prague classique. Quelques-uns des linguistes tchèques s'évadent vers des préoccupations qui relèvent plutôt de la sociolinguistique ou de la stylistique, comme les études se consacrant aux caractéristiques de la langue écrite par opposition à celles de la communication orale.

L'«idéologie» structuraliste a engendré — comme toute idéologie — des réactions. C'est, semble-t-il, le cas de l'approche de Gustave Guillaume et de son «École» (cf. Wilmet 1972), dont il est de rigueur de faire état dans un aperçu de la linguistique européenne. Est-ce une doctrine? Est-ce une philosophie? Est-ce une méthode? Ce n'est certainement pas une École. Les adeptes du guillaumisme ne semblent pas avoir franchi les frontières de la francophonie (ce qui inclut le Canada francophone, Valin 1971–992). Malgré la nécessité de présenter la doctrine guillaumienne et sa place dans la linguistique de notre époque, j'aimerais bien en être dispensé — car je me compte dans la catégorie de ceux qui ne se sentent pas capables de suivre ce style très souvent métaphorique, ces interprétations pittoresques de catégories linguistiques, ces réflexions ultra-abstraites, qui caractérisent ce qui a été appelé la «rhétorique psychosystématique» (Pottier, cité par Hagège 1975:17), les abstractions étant des concepts souvent introduits ad hoc par introspection, avec des termes dont le sens était modifié par rapport aux usages saussuriens. La pensée guillaumienne, se réalisant en trois étapes, l'observation objective, l'analyse introspective et la théorie, se révèle surtout dans les volumes de ses *Cours*. J'avoue ne pouvoir ni la suivre ni la comprendre, et j'ai l'impression qu'une grande partie du monde linguistique actuel se subdivise en deux camps: ceux qui l'admettent et ceux qui ne l'admettent pas, mais prétendent le contraire. Ce qui gêne notre compréhension est le non-formalisme clairement déclaré à l'occasion (p. ex. 1964:25 sq.) et fréquemment poussé à l'extrême, et la grande rareté, sinon l'absence quasi totale, d'exemples de faits de langues dans les exposés de linguistique générale, excepté naturellement les sections ou les ouvrages, tels que *Temps et verbe* (1929), qui traitent spécifiquement de la langue française; dans ceux-ci (p. ex. aussi 1964:25-45) il y a des «énoncés» d'exemplification, en nombre assez restreint et souvent «expliqués» (p. ex. 1964: 272-286) à l'aide d'une interprétation de cas isolés (p. ex. 1945), ce qui incite certains critiques (Martinet 1945a, cf. Gougenheim 1953) à déclarer qu'«il nous est difficile de prononcer un jugement sur la valeur de ces méthodes». S'il y a un patrimoine guillaumien, c'est bien le mode d'expression et de présentation flou, l'indifférence à la forme, dont nous venons de faire état, mais je n'ai pas réussi à découvrir, chez ceux-là même qui se déclarent «guillaumiens», des choses qui rappelleraient — du point de vue méthodologique, bien entendu — les éléments de la doctrine attachée au nom du maître. Sous réserve d'une inaptitude personnelle à la comprendre, je ne crois pas que l'œuvre de Guillaume, présentée sous forme compréhensive après sa mort en 1960, ait eu une influence de très grand poids dans notre discipline (cf. Wilmet 1972:9-80, v. toutefois David Cohen 1989).

Un des facteurs de progrès dans les domaines spécifiques passés en revue ici, ce sont les «projets», dont la valeur scientifique doit pouvoir être jugée par rapport aux moyens matériels mis à leur disposition; c'est peut-être ce phénomène de «science organisée», avec la mise à disposition correspondante de moyens, qui caractérise la nouvelle Europe. À titre d'exemple mentionnons l'Universalienprojekt de Cologne, fondé par Seiler, qui implique une réinterprétation par ce dernier (1972) du concept des universaux, et qui a trouvé un prolongement dans le projet nommé «Unityp» (Seiler, 1993, 1995); il développe une série d'analyses de catégories traversant les langues, bien que le plan adopté pour la recherche des universaux ne soit pas proprement typique des autres chercheurs de l'espace européen; il faut y ajouter le projet apparenté «Eurotyp» (v. Feuillet 1998, Siewierska 1998), et les quelques projets de traduction mécanique, que je situerais néanmoins plutôt dans les applications de la linguistique.

Présentations de langues dans leur totalité

Une réorientation de la science européenne des langues se fait sentir dans le fait que les présentations d'ensemble de langues de civilisation, qui étaient dominées encore dans la première moitié du 20ème siècle par l'esprit historiciste et comparatif des *Aperçus* et *Esquisses* du grand maître-fondateur de l'École française, Antoine Meillet (v. son credo, 1924 — où naquit cette notion, à mes yeux boiteuse, d'un mariage des deux points de vue différents de la recherche, l'historique et le descriptif) sont remplacées par des ouvrages synchroniques et analytiques incomparablement plus descriptifs, qui tiennent compte des tendances nouvelles de la linguistique, tels que ceux de L.R. Palmer (1954, 1980) et de Burrow (1955), pour ne faire allusion qu'aux plus importants idiomes indo-européens. Néanmoins, il faut admettre qu'une autre production caractéristique de la science européenne, les grands manuels («Handbücher»), ne se plie que très progressivement aux exigences de la linguistique contemporaine. Ces ouvrages «à livraisons continues» gardent naturellement leur immense valeur fondamentale comme instruments de travail indispensables et sont l'une des contributions les plus importantes de la linguistique européenne sur le plan mondial, fruit d'une heureuse synthèse ou symbiose entre la philologie et la linguistique. Quelques-unes de ces publications se sont poursuivis encore pendant la période considérée ici, et une partie des ouvrages nommés ne sont même pas encore achevés: les traités historiques et grammaticaux portant sur le français de Damourette–Pichon et de Brunot–Bruneau, pour l'indo-européen l'œuvre collective encore en cours (Kuryłowicz 1968, Cowgill 1973 [1986], Watkins 1969, Mayrhofer 1986), les dictionnaires étymologiques du grec (Frisk 1960–1972, Chantraine et ses continuateurs 1968–1980) et du latin (Ernout–Meillet 1932–1951, Walde-Hofmann 1938–1952), du vieil-indien (Mayrhofer 1956–1980) et de l'indo-aryen (Mayrhofer 1986–1995), du français (Wartburg 1928–1966), du vieil-irlandais (Vendryes et ses continuateurs 1959–...), du lithuanien (E. Fraenkel 1962–1965), du polonais (Sławski 1964.), du russe (Vasmer 1950–1958), de l'espagnol (Corominas 1954), de l'italien (Cortelazzo–Zolli 1979–1988), de l'allemand (Kluge dans les éditions nouvelles successives de Mitzka 1960 et de Seebold 1989), à quoi s'ajoutent des relevés lexicographiques comparatifs des langues reconstruites, ce qui conduit à la présentation de racines: pour l'indo-européen

(Pokorny 1959, 1974) et pour le sémitique (David Cohen 1972–…). Cette symbiose philologico-linguistique ne se présente que rarement au-delà de l'Atlantique, sauf chez un certain nombre de chercheurs ex-européens «transplantés». La conformité des manuels qui viennent d'être énumérés avec les exigences méthodiques ou les principes de base du structuralisme varie d'un cas à l'autre, selon la personnalité de l'auteur ou les différences de point de vue des différents auteurs, comme c'est le cas des grands manuels de grammaire déjà mentionnés (p. ex. Schwyzer, Leumann). Ceci est surtout caractéristique pour les lexiques étymologiques: il s'est développé dans notre génération une théorie approfondie sur la méthodologie de la lexicographie étymologique selon les différents types de transmission des langues, théorie dont certains aspects ont été commentés pendant un certain temps par Malkiel (1976) et du côté européen, par Untermann (1975) et Mayrhofer (1980), qui ont pris une position heureuse, délibérément en faveur de la nouvelle et importante conception d'un dictionnaire étymologique comme une «histoire des mots», conception représentée fondamentalement par les lexiques latin et grec d'Ernout-Meillet et de Chantraine et qui assure à tous les travaux de ce type des bases solides et fécondes; ce courant est représenté de nos jours encore par le dictionnaire étymologique hittite en préparation par Puhvel (1984–…). Ce dernier exemple illustre le fait que si un auteur transatlantique s'engage dans une entreprise de ce genre, c'est quelqu'un dont l'origine, l'érudition et la formation sont européennes et dont les ouvrages sont le plus souvent publiés en Europe. La même observation vaut pour les travaux d'étymologie sémitique ou plus spécialement éthiopienne de Leslau (1987, 1988), lui aussi de Los-Angeles.

On ne devra aucunement s'imaginer que ce sont les seules langues anciennes, philologiquement saisissables, qui bénéficient d'un traitement fondé sur les méthodes de la deuxième moitié du 20ème siècle. Il faut souligner la quasi-révolution qui a renouvelé la recherche relative aux formes dites «modernes» des grandes langues classiques: les ouvrages consacrés à ces langues contemporaines se sont tenus forcément au plan synchronique, en s'inspirant du structuralisme qui tend à l'identification des formes de langue usuelles comme «standard»: ainsi pour le grec moderne traité par Mirambel (1959) et pour l'hébreu israélien. Si pour le grec il s'agissait de fonder solidement la méthode en l'appliquant à une aire de recherche existante, en ce qui concerne Israël, nos efforts (HBR 1952=1984a:26-29, 1955a, 1955b=1984a:11-25, 1958–1967, 1977) ont réussi à ouvrir un champ de recherche tout nouveau, celui de l'hébreu contemporain, et à en faire la matière d'une contribution aussi à la linguistique générale grâce à la phénoménologie toute particulière qui s'applique aux traits et processus observables dans cette langue et dont les données figurent de plus en plus dans les grands travaux de linguistique générale, quelle qu'en soit l'orientation méthodologique, des deux côtés de l'Atlantique. A l'égard de l'hébreu il s'est livré dans les années soixante une «bataille de culture» (v. Kuzar 1996), provoquée par le même phénomène que la *Questione della lingua*,

qui avait surgi quelques générations auparavant en Grèce: les traditionalistes et puristes étaient enclins — comme position de «principe» — à voir
dans la recherche appliquée à la langue contemporaine un élément nuisible
en l'identifiant à la méthode structuraliste employée, et par conséquent à
ne pas admettre ce type de recherche sur la langue (Ben-Ḥayyim 1955 à la
suite de nos analyses dans 1955b). La recherche est restée grosso modo
dans le cadre de ce que nous considérons comme la linguistique «européenne», mais d'autre part des phénomènes découverts dans cette langue
et qui étaient présents dans les états anciens ont largement fertilisé l'étude
de l'hébreu biblique (HBR 1985, 1986b, 1993b = 1994a:410-417, 418-428,
442-449, Richter 1978, 1980, 1985) qui a connu un grand essor surtout
dans le domaine de la syntaxe, avec ou sans apport aux objectifs de l'exégèse
théologique (p. ex. Richter 1980).

De manière analogue, toutes les tendances qui se manifestent dans les
études indo-européennes ne sont pas sans exception favorables à la conso-
lidation de ces recherches comme champ d'application de la méthodologie
linguistique. On voit se renforcer de plus en plus les «Wortstudien», qui
examinent des éléments isolés plutôt que les systèmes, et en outre la recherche
met l'accent sur des langues relativement mal connues, parfois incomplète-
ment déchiffrées ou attestées de façon très fragmentaire. Une énumération
de travaux et de chercheurs nous entraînerait trop loin. Le risque est de
négliger quelque peu les «grandes langues» dont l'étude du point de vue du
système, grâce à la grande quantité de témoignages utilisables, aurait pu
contribuer beaucoup à l'approfondissement de nos démarches linguistiques
en général, au lieu que cette matière soit laissée — j'oserais dire: abandonnée — dans une large mesure aux philologues, classiques et autres.

Un aspect quasi social de la linguistique d'Europe est une prolifération
assez considérable des sociétés savantes. Jusqu'à un certain moment il n'y
avait pratiquement que la Société de Linguistique de Paris; ensuite il
semble que les grands savants aient senti — en général à juste titre —
la nécessité de constituer autour d'eux un cercle auquel une publication
périodique régulière vienne accorder un caractère quasi officiel. Parmi eux
un cas particulièrement connu est celui de la Societas Linguistica Europaea,
fondée en 1966 avec l'objectif déclaré de faire en sorte qu'il n'existe pas
seulement une grande société s'identifiant avec le continent américain, et
qui publie les *Folia Linguistica* interdoctrinaires, dont la dénomination latine
symbolise l'indépendance de la Societas par rapport à des groupements plus
enracinés dans les cadres nationaux.

Linguistique et philologie

La science européenne du langage, telle qu'elle est de nos jours, nous
dispense de prendre une position dans le conflit classique et traditionnel
entre la linguistique et la philologie, étant donné que les principaux courants

linguistiques européens englobent le travail philologique. Dans les régions germanophones la devise «Philologie und Sprachwissenschaft» a pu être remplacée par «Sprachwissenschaft und Linguistik», grâce à l'inspiration de Weisgerber, qui, par une implication manifeste, expulse la «Linguistics» du territoire propre de la «Science du Langage» et fait allusion au caractère à la fois philologique et linguistique de la science européenne dans sa tradition, mais aussi bien dans sa modernité. Qu'il nous soit permis de mentionner, en guise d'anecdote, que lors de la fondation de la Societas Linguistica Europaea, une des raisons de la préférence donnée à une appellation latine neutre plutôt qu'à une désignation trilingue a été que parmi les participants germanophones certains se prononçaient en faveur du terme «Sprachwissenschaft» au lieu de «Linguistik» pour l'appellation allemande.

La forte tendance de la linguistique européenne en faveur d'un appui sur la philologie, dont nous avons déjà fait état et qui augmente considérablement la fiabilité des résultats obtenus, est dans une large mesure le résultat de l'éducation traditionnelle d'orientation typiquement classique qui a régné en Europe au cours des siècles et pendant les dernières décennies. Mais il faut considérer les choses en conjonction avec la grande influence de l'École linguistique danoise, dont nous avons décrit l'apport dans notre introduction et qui elle-même est issue de la philologie classique, plus tard accompagnée en partie par une tradition comparatiste indo-européenne, avec dans les générations passées la doctrine madviguienne et des figures gigantesques telles que Verner, Thomsen et plus récemment Jespersen, Holger Pedersen, Franz Blatt, et même Hjelmslev. Pourtant, de grands ouvrages se publient encore et encore qui sont fondés sur des méthodes et des modes de présentation qui pourraient faire penser que rien ne s'est passé dans la recherche depuis des générations. Par exemple, la grande syntaxe grecque de Schwyzer–Debrunner gêne la publication d'une syntaxe mieux élaborée, ce qui a rendu possible et nécessaire une réimpression de la grande syntaxe de Kühner–Gerth, à laquelle s'adressent très volontiers les linguistes et philologues encore maintenant. La linguistique latine a connu une fortune plus favorable grâce à la parution du Szantyr, d'une orientation nettement plus linguistique et qui saisit la diachronie comme une succession d'états synchroniques. D'autre part, on constate des attaques violentes (p. ex. Latacz 1974) contre tout ouvrage publié en langue allemande dans lequel se manifeste un effort pour faire avancer la connaissance des langues de tradition «philologique» et l'interprétation des textes littéraires rédigés dans ces langues, à l'aide des méthodes de la linguistique, quelle qu'en soit la nuance.

Une valeur typiquement britannique du terme «philology» comme «a predominantly historical and comparative approach» (cf. Barr 1968:37) sert d'argument pour accuser (40-45) la terminologie structurale de manque de clarté, de confusion, et n'accorder de justification à la méthode linguistique synchronique de description et d'analyse que dans la recherche sur les langues vivantes, tandis que les langues anciennes devraient être étudiées de manière «historique et philologique»; une position de ce genre avait été prise, dans un contexte différent, par Mossé (1949). Cette attitude, exprimée (dans l'ouvrage cité de Barr), spécifiquement à l'égard de l'hébreu biblique, écarte l'analyse fonctionnelle et structurale de toute langue ancienne — aussi bien que l'interprétation avancée de leurs textes sur la base d'une analyse des moyens d'expression; des tentatives ont été faites dernièrement pour remédier à une telle situation, entre autres par nous-mêmes (1988) pour la littérature grecque la plus ancienne, en revenant naturellement aux conceptions, qui étaient devenues classiques au 19ème siècle, en matière de Philologie et Sprachwissenschaft.

C'est tout particulièrement dans les «petites» Écoles, comme la finlandaise et celle de Jérusalem, où l'organisation académique ne favorisait pas une séparation nette entre la philologie et la linguistique, que l'attitude décrite de contact interdisciplinaire peut fleurir et peut aussi, grâce au fait que les travaux qui y sont conduits s'appuient sur une interprétation exacte et saine des textes littéraires grâce à des analyses structurales—catégorielles et fonctionnelles—rigoureuses, apporter une contribution au progrès dans l'histoire des littératures.

LA RECHERCHE DES FONCTIONS

L'axiomatique de la recherche fonctionnelle

La recherche des fonctions qui aboutit à leur découverte et à leur identification est la démarche la plus fructueuse et la plus caractéristique de la linguistique européenne.

Bien que ce soit l'outil le plus important de la linguistique européenne contemporaine dans l'esprit du structuralisme appliqué aux sciences humaines, nous n'avons guère d'exposés méthodologiques d'autorités en la matière exposant explicitement les procédures. C'est pourquoi il nous paraît utile de faire mention d'un essai de Koschmieder, dont la mémoire ne s'est peut-être pas conservée, mais qui est consacré d'une manière claire et sobre précisément à la question de la «détermination des fonctions des catégories grammaticales» et qui énonce des principes tels que celui-ci:

> «den Ausgangspunkt der Analyse hat der Gebrauch der Formen in der betreffenden Sprache zu dem zu untersuchenden Zeitpunkt zu bilden» (Koschmieder 1945:15),

ou encore:

> «Ziel der Analyse muß die Feststellung, welchen Stellenwert das Bezeichnete im logischen System hat, und eine genaue Definition des Gemeinten sein» (ibid. 19),

idées qui sembleraient banales à notre époque, mais qui en leur temps introduisaient des procédés analytiques nouveaux et importants.

Cette discipline avait des chances particulières de parvenir à des résultats importants, parce que ce qu'elle faisait était justement de sortir de la forme plutôt qu'y conduire. Des distinctions fonctionnelles, importantes aussi sur le plan de la reconnaissance des cultures et civilisations, qui n'étaient pas reconnues ou même pas soupçonnées avant, ont été découvertes à partir de la simple question: qu'est-ce qui distingue sur le plan du contenu ce qui provoque le choix du locuteur entre les formes d'expression A et B ou bien, dans la réception, l'interprétation de ces formes par le receveur d'un message? Ainsi s'est faite la découverte des différentes fonctions des «doubles» formes de comparaison adjectivale en grec et des «variantes» de la construction syntaxique des comparatifs grecs et latins par Benveniste (1948:114-168) aussi bien que son analyse des différences fonctionnelles

dans la construction passive du parfait transitif (1952a) et celle du fonctionnement distinctif du double système des temps verbaux (1959), une
découverte qui a provoqué une quasi-révolution dans l'analyse des œuvres
littéraires rédigées dans les langues européennes (v. plus haut) aussi bien
que dans l'enseignement grammatical et ouvert une voie de recherche
toute neuve qui s'étend aussi aux langues anciennes et a inspiré le réexamen du système dans des langues slaves, où la situation est naturellement
bien plus compliquée (Isačenko 1960). Deux paradigmes verbaux du copte
antérieurement considérés comme des «variantes libres» ont été reconnus
par Polotsky (1944) l'un comme marquant une valeur non rhématique,
l'autre comme «neutre» du point de vue de la fonction communicative,
découverte suivie d'une autre, analogue, concernant la distinction fonctionnelle de deux types morphologiques «synonymes» en grec ancien
(HBR 1957 = 1982:303-324). D'un manière générale, il y a lieu de signaler dans ce contexte les travaux des successeurs de Polotsky, qui constituent l'École de Jérusalem, dont l'activité dans cette direction a été particulièrement intense: on a pu établir que des constructions «concurrentes»
exprimant une relation génitivale ou «possessive» dans un certain nombre
de langues servaient l'une pour marquer l'inaliénabilité ou appartenance
inhérente, l'autre comme «non marquée» à cet égard (HBR 1957/58 =
1984a:41-69, 1959a). Dans les cas cités, il s'agit de la découverte de distinctions catégorielles non reconnues comme telles antérieurement, mais
dans quelques autres cas il est apparu que l'absence dans une langue donnée d'un moyen d'expression formel connu dans une autre langue n'équivaut pas à l'absence dans la première de la distinction fonctionnelle en
cause: celle-ci pouvait être assurée par un tout autre moyen d'expression,
dont la valeur ne se laissait pas facilement cerner: ainsi des langues dépourvues d'article, comme le latin, utilisent des types de syntagmes attributifs
afin de distinguer le «déterminé» du «non déterminé» (Hannah Rosén
1994). Dans le domaine de la syntaxe, beaucoup a été accompli pour l'étude
de l'ordre des mots ou des constituants dans les langues anciennes dans
l'œuvre de grande envergure de Marouzeau (1922, 1935, 1949a, 1953)
— une recherche clairement inspirée par l'ouvrage classique de Weil (1844)
et s'appuyant sur lui — ainsi qu'en allemand contemporain, en hongrois
(Perrot 1978a, 1994b) et dans diverses autres langues (HBR 1994c), dans
lesquelles «l'ordre des mots est libre, mais non arbitraire» (Marouzeau
1949a:191): on a pu attribuer à des ordres différents possibles des valeurs
différentes sur l'échelle de la fonction communicative. C'est à cause de
cette variété de formes, qui ne coïncide pas avec les conceptions pragoises
de la «perspective fonctionnelle de la phrase», dont il était question plus
haut, qu'un «ordre libre des mots est en principe probable a priori» (Strunk
1977:20). On voit aisément à quel point ces efforts s'écartent de la doctrine
SOV, *SVO* etc., dont la valeur pour la recherche fonctionnelle n'est aucunement évidente.

La sémantique

Pendant un certain temps dans la période couverte par le présent rapport, est restée dominante une tendance descriptive et historique, mais peu analytique, dans la sémantique, néanmoins brillamment représentée par les deux grands ouvrages fondamentaux, indispensables pour la connaissance des faits de langues, dus à Ullmann (1957, 1962), et dont l'influence a été très grande chez les chercheurs qui n'étaient pas encore imprégnés d'esprit structuraliste.

Mais dès que Hjelmslev (1963) eut apporté la conception que le territoire sémantique d'une forme (le «sémème») entre dans un paradigme (illustré par son fameux diagramme sémantique contrastif) comme n'importe quel autre morphème dans une langue et proposé (1957–1958) la désignation de «Sémantique Structurale» pour le système ainsi créé dans une langue déterminée, un nouvel esprit se fit sentir. Peut-être cela a-t-il eu pour effet de provoquer plus tard la naissance (avec en fait une renaissance de méthodes appliquées au milieu du 19ème siècle, v. Coseriu 1967), de toute une École, à ce qu'il me semble, par l'apport simultané de Greimas et des cours professés à Tübingen en 1965/66 par Coseriu et républiés là-même en 1973 (cf. Coseriu–Geckeler 1974). C'est particulièrement ce dernier qui a fourni les fondements les plus clairs et les plus solides à la sémantique structurale et à sa désignation comme «structurale» en mettant en évidence le parallélisme entre ce qui est «structural» au niveau de la grammaire et ce qui l'est dans le lexique («Der Strukturbegriff in Grammatik und Wortschatz», Coseriu 1973:11-21), et en présentant «les structures du lexique» (*o.c.*, 52-104) sous forme de «champs» («Wortfelder», *o.c.*, 53-76) ayant leurs structures internes.

Cette ligne a été poursuivie et développée par Pottier dans ses travaux, d'où le fait qu'elle fleurit surtout dans les pays francophones ou dans les recherches consacrées au français, p. ex. Geckeler (1973), qui, d'ailleurs, n'a connu qu'un accueil assez réservé en France (Wagner 1974). Il pouvait paraître curieux qu'un sous-système extra-formel, c'est-à-dire non situé au plan de l'expression, soit traité dans une optique structurale. Les études de Geckeler (p. ex. 1971) mettent l'accent sur l'analyse des «champs sémantiques», analyse qui était à la base de la méthode de Trier. Il est bien possible que dans ce développement on trouve l'inspiration du concept martinetien (cf. ci-dessus) de la «double articulation» qui incite à «décomposer» les monèmes en traits distinctifs sur le modèle de la décomposition des phonèmes et à y reconnaître des traits distinctifs de contenu, les sèmes.

Il convient de faire état à ce point d'un ouvrage nommé *Structural Semantics*, qui, bien que ne constituant pas une dissertation théorique, présente un intérêt particulier. Ce petit livre de Lyons, publié en 1963, offre à ses lecteurs, pour la première fois, semble-t-il, un modèle d'application de la méthode de la sémantique structurale à un texte continu. La partie générale qui forme la première moitié du livre, n'est en effet qu'une introduction à la théorie, destinée à permettre au lecteur de comprendre la stratégie de la présentation qui suit. Il n'est pas à exclure que dans la partie générale Lyons se soit laissé quelque peu inspirer — selon une espèce de mode en Grande Bretagne à l'époque — par quelques épiphthegmes de Wittgenstein, comme celui qui proclame que le sens d'un mot n'est pas seulement ce qu'il signifie, mais aussi ce qu'il fait au monde. À la base de la technique nous trouvons ici la doctrine de Trier (1931), qui prône l'analyse sémantique à l'intérieur de «champs». Comme modèle d'application pour un système linguistique entier, Trier avait présenté le «vocabulaire de la compréhension» en allemand (1931), et Lyons le suit en analysant le même champ dans les textes de Platon avec des termes tels que ἐπιστήμη, σοφία, τέχνη, ce qui lui donne l'occasion de constater que les champs sémantiques de deux langues différentes et la délimitation («delineation») des termes qui y entrent peuvent être comparables, malgré l'anisomorphisme intrinsèque (p. 38), s'il existe un «cultural overlap» entre les deux sociétés correspondantes, ce qui s'exprime dans une analogie structurale du «Weltbild» créé par elles. En contraste mentionnons l'«autonomie conceptuelle» (Landsberger 1926) des langues, qui, exposée dans un ouvrage sur un sujet déclaré orientaliste et éloigné du terrain des activités générales du monde linguistique, n'a pu le marquer de son empreinte malgré une orientation foncièrement humboldtienne.

Or, grosso modo, dans les grands ouvrages ultérieurs du même Lyons on ne trouve guère d'approfondissement de la matière présentée p. ex. dans *Structural Semantics* (1977), où apparaissait une tentative pour réconcilier la sémantique, ou plus exactement la théorie des champs, avec la théorie générative («The so-called generative semantics theory», vol. II, 409-422), tentative conforme à l'évolution doctrinaire bien connue de Lyons au fil des années. Il se peut que notre jugement soit subjectif, si nous ajoutons que cette tentative a échoué. Bien entendu, on voit apparaître les concepts bien connus de «compétence», de «théorie standard», de «grammaticalité», etc. Ceci conduit l'auteur à formuler de nouveau les rapports entre la grammaire et la sémantique (en touchant aussi au problème des «parties du discours», 423-430) ainsi qu'à introduire les notions de base du générativisme dans la théorie des significations, en exposant, p. ex. une «wellformedness» sémantique à côté de la «wellformedness» d'une phrase. Il va sans dire que dans le cadre d'une telle démarche il n'est pas en mesure d'éviter une présentation aprioriste de nombre de catégories. On s'éloigne ici fortement des «sources» (la sémantique analytique du style de Trier et de Coseriu) ainsi que de ce que nous voulions appeler la linguistique européenne.

Pour ce qui est du rapport entre le système conceptuel et le système d'expression à tous les niveaux d'analyse, toute limitation à la sémantique lexématique étant exclue, il convient de signaler l'ouvrage de Bernard Pottier *Linguistique générale. Théorie et description* (ainsi que son édition espagnole), qui présente dans ce domaine un ensemble théorique et une doctrine extrêmement approfondis, qui en font la contribution essentielle de l'auteur à la méthodologie, avec lancement de l'«hypothèse conceptuelle» comme point de départ de l'analyse structurale appliquée à la sémantique.

Le «structural» dans cette sémantique — antérieurement considérée comme «une parente pauvre» de la linguistique structurale (Greimas 1966:6) — est, comme on le sait, l'introduction d'une analyse componentielle de traits distinctifs des lexèmes situés à l'intérieur d'un «champ» de réalité, sur le modèle de l'analyse qui dégage les traits distinctifs des signifiants, p. ex. des sons pour arriver aux phonèmes; les lexèmes, comme les phonèmes, sont caractérisés par un faisceau de symboles + ou –, selon qu'un certain trait est représenté et matérialisé ou non. Par conséquent, la sémantique structurale est empirique et non apriorique: elle n'introduit aucun trait dont l'existence dans le système ne soit assurée par une opposition lexicale, et ne pose nullement des entités «conceptuelles» préconçues a priori ou prétendues «universelles». C'est donc de plein droit que Pottier, dans la préface de son ouvrage, déclare que

> «Le linguiste part de l'observable pour construire une hypothèse sur le non observable directement.»,

ce qui caractérise sa doctrine comme typiquement «européenne», en contraste avec la sémantique «générative» américaine, et aussi que

> «La sémantique européenne a toujours existé, et ce travail [l'ouvrage cité, H. R.] voudrait contribuer à en montrer la continuité.»

Finalement (selon Pottier 1992) il y a dans ce traité une présentation explicite de l'organisation interne du champ conceptuel (avec une distinction entre les concepts généraux ou «concepts» et les concepts universaux, les «noèmes») intégrant des notions de processus, de mise en schèmes et de lexématisation (121-156) et établissant une liaison avec les catégories linguistiques principales (157-222), dont le jeu dans la communication est visualisé schématiquement («papillon sémantique» pour les «quatre sémantiques», p. 199sq.).

Par opposition à la nature structurale de la sémantique de Coseriu et de Pottier, le dégoût des oppositions et des paradigmes catégoriels qu'accuse l'«École» britannique (même sous des titres tels que «sémantique structurale», cf. Lyons 1963, 1977), fait apparaître dans la notion de l'entité sémantique une différence analogue à celle qui sépare le phonème pragois et le phonème de Jones: la signification d'un lexème se définit selon Firth par ses collocations ou «cooccurrences» plutôt que par son opposition aux lexèmes dont l'emploi l'exclut et qui en sont les substituts (ce qui rappelle le rapport entre l'approche de Robins et celle de Firth, cf. Szemerényi 1982:239 et voir plus loin). On peut considérer la proposition de théorie sémantique par Tobin (1989, 1994), qui forme un concept d'«intégralité sémantique» en tenant compte des valeurs des signes selon leur statut comme marqués ou non marqués, comme un compromis entre les courants dominants de nos jours.

La «grammaire référée au contenu» de Glinz, dont il était question plus haut, reconnaît aussi un niveau de contenu qui se situe au-delà de celui de la signification, c'est l'«intention» («das Gemeinte» distingué de la «Bedeutung»). L'«intention» ne se situe naturellement qu'à l'intérieur de l'acte de parole, tandis que la «signification» ainsi que la «référence» (conditionnée par l'environnement) font partie du système linguistique.

De la conception structurale de la sémantique se démarque consciemment et clairement Ducrot (1972), qui à la fois rapproche la description sémantique de la logique et la «confronte» à celle-ci en s'en servant pour exprimer des constatations dans son propre domaine, en affichant une visée pragmatique, tout en en conservant une base linguistique, comme l'indique de manière très nette et démonstrative le sous-titre de son ouvrage *Dire et ne pas dire*: «*Principes de sémantique linguistique*». Les conclusions factuelles incluses dans le livre se trouvent effectivement, contrairement aux tendances de la discipline pragmatique (dont la nature et la position par rapport à la linguistique ont fait ci-dessus l'objet de quelques remarques), fondées sur une riche comparaison d'énoncés analysés en fonction des buts de l'auteur. «La lecture est peu recommandable aux personnes pour qui la palinodie intellectuelle comporte un risque sévère de dépression» (p. 7). Cet ouvrage est consacré aux bases philosophiques et axiomatiques de la sémantique linguistique et aux «présupposés» qui interviennent dans la compréhension d'un énoncé: la thèse est que la cohérence d'un discours repose — au moins dans une large mesure — sur ses «présupposés» et sur le sous-entendu, c'est-à-dire sur ce qui relève «du non-dit» — pour évoquer le titre de l'ouvrage. Par là, Ducrot s'éloigne encore plus de la linguistique strictement dite et du structuralisme en particulier (67-94), dont il nie (contrairement à sa position de 1968) l'utilité pour les objectifs que s'assigne la discipline sémantique. Cf. aussi Ullmann 1972:347-349, 367-379.

Un domaine affilié à la sémantique, la lexicographie (dont les principes méthodologiques principaux se trouvent discutés dans Zgusta (ed.) 1980 et dans le manuel dirigé par le même auteur en 1971) ne peut trouver place dans le cadre du présent exposé.

La linguistique: une science de l'homme et de ses cultures

La linguistique européenne prend en compte la société humaine (Albrecht 1988:72-76) et nous conduit à considérer les cultures et civilisations. L'objet ultime de cette linguistique, qui est selon Benveniste, comme le souligne Perrot (1984a:13), «de rejoindre … <les> autres sciences de l'homme <et> de la culture», exige la fidélité aux méthodes pratiquées en Europe à l'exclusion des courants transatlantiques qui commençaient à fleurir à l'époque et vers lesquelles Benveniste dirige sa critique (1954), sans épargner les formalismes quasi absolus de Tesnière et de Hjelmslev, ni naturellement ceux de Chomsky (Perrot 1984a:14-18), et en s'inspirant en revanche du structuralisme socio-anthropologique de Lévi-Strauss — par un effet de retour dans les échanges intellectuels puisque Lévi-Strauss, dans le chapitre «Analyse structurale» de la partie «Langage et parenté» de son *Anthropologie structurale* (1958), avait déclaré s'être inspiré, pour ses idées sur la structuration des relations de parenté, d'une conférence d'un linguiste, Giuliano Bonfante, conférence non publiée d'ailleurs, qui identifiait (incorrectement) le terme grec θεῖος «oncle», qui est à la base des termes romains *tio*, *zio*, avec l'adjectif homonyme signifiant «divin».

Ces préoccupations ne relèvent pourtant pas d'une «sociolinguistique». Si Marcel Cohen traite sous le titre «*Pour une sociologie du langage*» (1956) de certains rapports entre le langage et les faits sociaux, ce n'est pas encore ce que nous comprenons de nos jours par «sociolinguistique». On ne peut pas nier que dans cette orientation se manifeste un souci idéologique socio-politique, en fonction des préférences et des allégeances d'un grand chercheur; évoquons aussi Wolfgang Steinitz, qui publie (1956/57) un petit traité sur les noms de parenté finno-ougriens, qui obtient dans l'Ouest un accueil favorable du point de vue scientifique, mais suscite la critique en ce qui concerne le point de vue idéologique et politique (Sauvageot 1959). Par ailleurs, la recherche sociolinguistique, quand elle se maintient proche de la linguistique proprement dite, s'intéresse au marquage des couches et des registres ainsi qu'aux procès de standardisation (Marouzeau 1949b), au normativisme et à la fixation des normes dans les entités culturelles-linguistiques, comme en hébreu israélien (HBR 1955a, cf. David Cohen 1959, Kuzar 1996), avec les problèmes de diglossie et les «questioni delle lingue» qui surgissent dans maintes langues.

La visée du social qui caractérise la science européenne et qui est mise en relief par des notions comme celles de «socio-opérativité» et de «constructeur de langue» (Hagège 1993) se distingue nettement de la polarisation sur l'individu linguistique qui générerait les énoncés. La distinction langue–parole que Saussure caractérise comme une distinction du social et de l'individuel ne doit par conséquent pas être mise sur le même plan que la distinction entre la «compétence» et la «performance», qui opèrent toutes les deux sur le plan de l'individu.

Les faits sociaux proprement dits sont amplement représentés dans cette branche de recherche, et les termes de parenté, bien étudiés, ont servi de point de départ au structuralisme anthropologico-linguistique (v. plus haut). La civilisation matérielle, comme les realia, n'est pas négligée, et l'anthropologie, l'archéologie et la face philologique de la linguistique se sont depuis toujours mises à la disposition l'une de l'autre. Pour ne donner qu'un exemple, citons l'orientation sociologique de la recherche sur les ethnies lointaines (cf. Sommerfelt 1938) et les peuples peu connus, à l'aide des analyses de vocabulaire, ou encore la description des habitations et des lieux sacrés comme entre autres dans l'espace méditerranéen archaïque (L.R. Palmer 1948). Hors de l'Europe on constate plutôt une utilisation des trouvailles archéologiques pour le soutien des théories concernant la reconstruction linguistique.

Un domaine important du champ culturel dont le développement est le résultat de travaux dans la période que nous passons en revue, bien qu'on puisse le découvrir en germe, par hasard, dans un article d'Adalbert Kuhn (1853:467), est lié à un problème morphologique: il s'agit de la poésie primitive et de la langue des poètes qui la représentent, objet de recherches dont les plus poussées concernent l'indo-européen. Ce champ de recherche a fait sa réapparition grâce à Rüdiger Schmitt (1967, 1968); il constitue l'un des brillants témoignages de la synthèse de la linguistique, de la philologie et de l'histoire des civilisations et n'a cessé d'occuper les esprits depuis lors; ceci dans l'espace européen (Meid 1990), mais il faut également mentionner les écrits inspirés du même esprit et réunis chez Watkins 1994. Le point de départ en a été le caractère formulaire traditionnel de l'expression κλέος ἄφθιτον = (v.ind.) çrawa[s] akṣitam «la gloire impérissable» (Risch 1987); la recherche y revient constamment (p. ex. Floyd 1980), mais on n'a pas tardé à reconnaître l'importance des questions posées à la recherche en matière de métrique et de traditions rythmiques, au début chez Meillet (1923) avec une reprise en Amérique par Nagy 1974 (qui remplace les vues traditionnelles par des hypothèses nouvelles). Des idées novatrices se sont imposées dans notre connaissance de l'accentuation indo-européenne et surtout de l'histoire de l'accentuation grecque, qui selon nos vues actuelles reflète la récitation homérique authentique, et on en est venu ainsi à de nouvelles conclusions concernant le rapport entre les accentuations indo-européenne et grecque et aussi concernant l'accentuation poétique et celle de la langue réelle à l'aube de la poésie épique en Grèce et ailleurs (HBR 1970b=1982:362-372, 1989=1994a: 259-279). Ces recherches conduisent, sur un plan plus élevé, vers un réexamen du rapport entre l'organisation syntaxique et la division rythmique du vers épique dans bien des langues anciennes (Migron 1985, HBR 1992= 1994a:286-302).

La recherche sur la poésie indo-européenne ouvrait la voie à la saisie d'une civilisation qui serait attribuable à une société définie, dont les membres auraient même parlé une langue quasi commune. En partant de la tradition poétique et de l'interprétation mythologique des textes qui y appartiennent, on arrive à la religion (Polomé 1987) et à la structure sociale (une impossibilité d'après Schlerath 1987, malgré Benveniste!), que les témoignages linguistiques permettent de reconstruire. Comme par cette voie on peut arriver — ou plutôt risque d'arriver — à une conception très concrète d'une telle communauté, il y a eu après la deuxième guerre mondiale une certaine hésitation à s'engager sur ce terrain de recherche, menacé de glissement vers des vues racistes qui ont dominé une partie de l'Europe Centrale jusqu'au milieu des années quarante et livré des produits assez bizarres même dans la recherche linguistique formelle. On fait un effort pour ne pas toucher à ce territoire délicat en présentant les «Indo-Européens»

(Haudry 1981) comme une société guerrière féodale dominée par une aristocratie (Schlerath 1973) et en se bornant à esquisser la structure sociale de ce peuple quelque peu imaginaire (études limitrophes: Mayrhofer 1966, 1974).

Pour ce qui est de la civilisation matérielle reconstruite à l'aide du vocabulaire «commun» — le terme «proto-culture» d'Ivanov (Gamkrelidze–Ivanov 1984, vol. II) fausse le concept de «proto-» en suggérant une espèce de sommet d'arbre généalogique, dont toutes les «cultures» seraient descendues — on constate un essor dans les deux dernières décennies. Cette branche d'études n'est pas spécifiquement européenne, mais ne manquons pas de faire mention de certaines tentatives pour produire des synthèses (souvent forcées) des données d'une culture matérielle primordiale et des données géographiques, botaniques et zoologiques, afin de localiser un habitat originel commun des Indo-Européens et même des Ouraliens et des Sémites (Fronzaroli, ed., 1973).

La recherche sur les religions et les concepts religieux (à moins qu'elle ne soit dictée par des intérêts théologiques ou idéologiques, cf. Barr 1968) s'inspire de la linguistique, que ce soit à partir des étymologies de termes ou — fondement plus solide — sur la base d'analyses lexico-sémantiques appliquées aux sources, comme cela a été fait pour les langues anatoliennes (Laroche 1947) de la plus haute époque; même la connaissance de l'expansion du christianisme au Moyen-Âge a bénéficié des études de termes transportés d'une ethnie à l'autre ou calqués par traduction, ainsi quand on a découvert l'importance du christianisme byzantin véhiculé en langue gotique (Scardigli 1964) pour la christianisation des peuples de langue germanique. Les concepts religieux jouent naturellement un rôle de première importance dans l'œuvre par laquelle culminent les recherches d'histoire culturelle conduite par des linguistes, le *Vocabulaire des institutions* de Benveniste (1969).

La recherche sur les systèmes de langues

La recherche spécifique sur les systèmes de langues individuelles, que ce soit à des niveaux définis ou dans les présentations globales, recherche fondée sur l'application des doctrines structuralistes, en particulier aux «langues d'école» (classiques), n'a progressé que graduellement en passant d'un niveau d'analyse à un autre; après un début marqué par quelques travaux phonologiques qui sont conformes à la méthode contemporaine (p. ex. dans l'esprit «pragois» Brandenstein 1951, Bartoněk 1961, 1966, Lupaş 1972), travaux dont le chercheur canadien (d'origine tchèque) Bubeník (1983) ne paraît pas avoir su tenir compte dans sa tentative «pandialectale», forcément non synchronique.

Comme il y a chez les savants européens une réticence à expliciter leurs méthodes, il faut — nous l'avons déjà dit — déceler celles-ci dans les

ouvrages qui les appliquent. Il apparaît que la présentation des faits dans
la *Modern English Grammar* de Jespersen (1909–…), issue de l'École
danoise, est la meilleure illustration de cette situation, ce qui ressort du
jugement de Mossé (1942-1945):

> «Jusqu'ici… les idées de Jespersen sur la théorie grammaticale n'ont pas eu
> tout le retentissement, qu'elle méritent. … Mais … demain, quand la syntaxe
> structurale aura pris son essor, il est probable qu'on étudiera de près ses théories
> et ses systèmes et qu'on y reconnaîtra une puissante synthèse. … Le mérite
> suprême de l'illustre savant danois sera d'avoir montré tout le profit que la
> linguistique générale peut tirer de l'étude d'une langue moderne.»

Or, il faut bien distinguer entre la recherche sur les langues anciennes,
qui a derrière elle une tradition séculaire d'études descriptives et historiques, et celle qui porte sur les idiomes contemporains, dont la présentation
avait été en partie teintée d'un degré plus ou moins poussé de normativisme.

La philologie des langues classiques anciennes se trouvait en grande
partie en quasi-stagnation, au moins en ce qui concerne l'application des
méthodes linguistiques établies. La linguistique latine — s'étant adaptée
aux démarches fécondes appropriées à la recherche sur les langues vivantes
à partir de l'œuvre de J.B. Hofmann (1936, 1985), qui aborda la distinction
des registres en latin préclassique et classique, — a connu une fortune relativement favorable avec la parution d'abord de la syntaxe, rédigée d'une
manière sobre et très formelle, du chercheur danois Blatt (1952), qui, par
ailleurs, participe à l'élucidation des traits caractéristiques issus des langues
classiques dans la formation du type linguistique «européen» (ou «occidental») contemporain (1957). Il y eut ensuite syntaxe monumentale de
Szantyr, d'une orientation nettement plus linguistique et qui saisit la diachronie comme une succession d'états synchroniques. Le vieux Kühner-
Stegmann, ainsi déjà «modernisé» dans une certaine mesure, se voit mis à
jour d'une manière tout à fait digne du niveau atteint par la recherche grâce
au fonctionnaliste néerlandais Pinkster (1984, 1988); la linguistique latine
tout entière marche de pair avec les courants contemporains de la recherche
grâce aux colloques internationaux de linguistique latine, dont Pinkster a
été l'initiateur et qui se tiennent régulièrement une année sur deux dans l'un
des pays européens. Dans le cadre de l'École de Jérusalem, Hannah Rosén
(1981) traite la nominalisation latine en adaptant une analyse structurale
descriptive couplée avec des idées utiles de la grammaire dépendancielle
ainsi que de la théorie des valences et des actances, et la nouvelle syntaxe
latine d'ensemble de Touratier (1994) est à la hauteur de ce que la syntaxe
structurale a atteint.

La recherche diachronique déplace son centre d'intérêt du latin archaïque
et préclassique à la langue tardive et surtout aux processus qui ont marqué
le passage de cet état de langue aux langues romanes naissantes (Herman
1959, 1965, 1988, Einar Löfstedt 1959), ce qui approfondit — comme toujours — nos méthodes de recherche diachronique. Un sujet particulièrement

attrayant dans ce domaine est l'étude de la naissance de l'article, élément qui s'est développé secondairement, et des moyens d'expression déterminatifs (Abel 1971, Leena Löfstedt 1981) qui fonctionnaient avant son émergence (Hannah Rosén 1994). Après la parution d'une grammaire homérique due à Chantraine (1948), le grec ancien a fait l'objet d'études plus approfondies, au moins au niveau phonologique, par Lejeune (1947) qui a su dégager des orthographes une description phonémique, ainsi qu'au niveau morphologique, pour lequel je me permettrai de mentionner notre grammaire d'Hérodote (1962), qui constituait — a-t-on dit — le premier travail d'application de la méthode structurale à la description d'une langue publié en langue allemande, ce qui avait nécessité l'invention de quelques termes techniques allemands et donné au philologue classique bien des raisons de se plaindre de difficultés de compréhension, surtout en ce qui concerne la partie phonologique. Plus tard on avait Bartoněk 1966, Lupaş 1972 et Teodorsson 1974 avec une insistance sur la relation entre le phonémique et le graphémique. Pour la syntaxe, c'est grâce à des circonstances et intérêts personnels qu'elle a pu pénétrer sous une forme structurale dans la recherche sur les langues anciennes, comme le copte (Polotsky 1944) et plus tard sur les langues classiques, si l'on considère nos efforts pour coupler l'analyse énonciative-communicative avec celle des données morphologiques (HBR 1957=1982:303-324) et syntaxiques (HBR 1975=1982: 389-402).

Même la morphologie générale, à laquelle se consacre l'importante École structuraliste de Reading (Matthews 1972a,b, 1974) se fonde sur le latin — défi hardi et audacieux dans l'ambiance générale de la discipline linguistique dans le monde — en proposant quelques définitions concernant la phonologie et la morphologie et en particulier la frontière entre les deux (Matthews 1972a) ainsi qu'en réexaminant la place des «explications» en linguistique synchronique et diachronique.

Dans le domaine des langues vivantes, qui se prêtaient davantage à l'observation directe et sur lesquelles la recherche se développait, menée au sein des «Écoles» scientifiques de nos jours, la situation se présente sous un jour plus favorable. Les dernières décennies nous ont donné des présentations d'ensemble sous forme d'ouvrages collectifs, entre autres une description du français, issue de l'École danoise dont elle illustre les qualités et les caractéristiques (Berg et al. 1982–1985) une génération après la réalisation du monumental Damourette–Pichon, d'esprit fonctionnel plutôt que structural. Une grammaire descriptive complète de l'anglais (Quirk et al. 1985) a eu probablement — selon l'impression qu'elle donne — plus de mal à se situer entre les extrêmes, dont l'un a pour représentant le traitement-modèle de l'anglais par l'École générative. Les «fondements de la grammaire allemande» (Heidolph et al. 1981), produits par l'Académie de la République Démocratique dans son «atelier» linguistique, et qui en révèlent le penchant pour la méthode générative-transformationnelle, n'ont évidemment que partiellement conservé les principes du structuralisme allemand classique, et on peut faire des observations analogues sur des travaux concernant bien des langues non indo-européennes, p. ex. les présentations du hongrois et du finnois par Sauvageot (1946, 1951); de l'*Esquisse* du finnois il a été dit qu'elle

> «se réclame d'une toute autre méthode [à savoir, que d'autres grammaires prétendument exhaustives], celle même dont Meillet a donné le modèle. ... Quand on veut donner d'une langue une idée exacte, il faut la considérer dans son ensemble. Il n'y a pas dans une langue de faits isolés ni de traits particuliers; tout se tient dans un système dont les éléments sont tous conditionnés les uns par les autres» (Vendryes 1950:195).

Pour ce qui est des langues contemporaines dont on connaît les antécédents anciens classiques, les efforts des linguistes pour se libérer des chaînes de la tradition grâce à une démarche structuraliste peuvent se reconnaître dans les traitements de l'hébreu israélien (HBR 1955a) déjà mentionnés et du grec moderne (Mirambel 1959, après la grammaire de 1949) dans son état diglossique; en revanche, l'arabe, avec une situation comparable, n'a apparemment pas connu la même fortune.

Les niveaux d'analyse: La phonologie

Les présentations structurales partielles consacrées à un niveau d'analyse extrait des structures d'une langue pour être traité séparément ont naturellement porté au début principalement sur la phonologie.

Au plan de la science des sons, peut-être suivant une inspiration donnée par la fameuse «non-uniqueness» de Chao (une non-uniqueness qui a mon avis s'applique aux méthodes pour reconnaître les phonèmes et dresser leur inventaire plutôt qu'aux «solutions» auxquelles on peut arriver sur la base d'une méthode donnée), on observe dans les divers centres de recherche un peu d'incertitude concernant la meilleure voie à suivre. Tandis qu'en Autriche, berceau des doctrines «pragoises» classiques de l'école troubetzkoïenne, on s'efforçait d'en perpétuer les principes fondamentaux ainsi que l'esprit à l'aide de réunions régulières (Dressler-Pfeiffer 1972-1988), il ne manquait pas en Europe de tentatives d'«émancipation» — pour ainsi dire — visant à briser les chaînes imposées par les postulats de la méthodologie préconisée par l'École de Prague dans l'esprit de Baudouin de Courtenay. Parmi ces tentatives on comptera l'approche de Jones (datant des années trente, v. Krámský 1974:150, mais «codifiée» presque deux décennies plus tard, v. Jones 1950:7 et v. plus haut), qui, tout en conservant finalement comme critère de la phonémicité la fonctionalité (avec recours, entre autres critères, aux paires d'expressions opposées), fonde ses phonèmes sur les traits physiquement et matériellement observables des «sons», ces traits «phonétiques» se groupant dans des familles, dont chacune constitue un «phonème». Cette approche, qui a «désabstractisé» la phonologie par rapport aux démarches pragoises, a par ailleurs permis de poser une autre unité très abstraite, fondée sur une vue quelque peu distributionaliste, avec le concept de «diaphone», entité qui traverse les frontières d'un corpus donné et constitue en effet — du moins dans notre optique — la base réelle de toute communication à l'intérieur d'une société ou même entre individus appartenant à des communautés différentes de locuteurs. Le diaphone a été défini comme une entité de correspondance entre dialectes d'une même langue, mais il pourra servir aussi pour toute analyse de nature comparative: pour la diachronie, ainsi que pour la comparaison intrafamiliale, dont il paraît finalement être inspiré.

C'est aussi en Angleterre que le concept de phonème a été matière à divertissement en suscitant des définitions quelque peu personnelles et détachées de tout cadre méthodologique et conceptuel; on en a l'écho dû à Firth (1948) dans un article rendu fameux par le passage suivant avec son «slogan» final:

> «I have purposely avoided the word *phoneme* in the title of my paper, because not one of the meanings in its present wide range of application suits my purpose and *sound* will do less harm. One after another, phonologists and phoneticians seem to have said to themselves: '*Your* phonemes are dead, long live *my* phoneme'.»

C'est le même Firth, longtemps président de la Philological Society, qui s'oppose (1955) à la conception d'une structure sous-jacente au système d'une langue, conception fondée sur des interprétations forcées de quelques apophtegmes des grands esprits de la linguistique européenne, et qui a ainsi provoqué (1957) un certain courant nonchalant, porté à l'approximation dans les analyses et leur application, qui s'observe çà et là parmi les élèves de Firth (cf. Robins 1961) dans la science britannique de la langue.

Ce n'est donc probablement pas une pure coïncidence si l'Angleterre a été précisément le pays où s'est tenue une conférence programmatique d'exposition, présentée par Martinet en 1949 et consacrée à la phonologie, presque au même moment où surgit une vive discussion qui annonçait déjà la naissance de deux tendances, ou si l'on veut, Écoles, l'une, plus sensible à la réalité concrète des sons dans la communication, tendance connue comme l'École anglaise, l'autre se laissant guider par les abstractions déjà sacrées du structuralisme fonctionaliste pragois, de type troubetzkoïen. Cette division s'exprime clairement dans une double publication: deux comptes rendus de l'ouvrage de Martinet dans le même volume du *BSL*, l'un d'esprit non structuraliste, qui réserve un accueil favorable à l'ouvrage, par Marcel Cohen (1952), et l'autre, plus étendu et «orthodoxe», non dépourvu de critiques, rédigé par le héraut de la phonologie en France, le sémitisant Jean Cantineau, qui avait été le premier à appliquer les nouveaux principes aux langues non indo-européennes (1950a,b), en utilisant les connaissances acquises dans l'étude des dialectes vivants pour éclairer les données des anciens, bien qu'à l'époque et justement en France une telle démarche ait soulevé quelques objections. Signalons la prise de position lucide d'un esprit sinon révolutionnaire, du moins très novateur, qui apparaît dans les propos, associant réserve et volonté d'aller en avant, par lesquels Birkeland conclut la contribution (1940) où il pose les fondements d'une phonologie de l'hébreu biblique:

> «I am convinced that I have made mistakes, but I beg to be pardoned for them, since I have tried to look at the problems in question from a point of view not utilized before.» (39).

Une même ligne de travail est poursuivie et développée avec énergie et succès dans l'analyse d'une langue apparentée (Birkeland 1947).

Le concept de rendement — de nouveau un concept du patrimoine danois — a été appliqué aux oppositions dans les moyens d'expression par Togeby (1952), qui associe les niveaux phonologique et morphologique, mais ne fait pas encore usage de ce concept pour la diachronie, ce que va faire Martinet dans son *Économie des changements* (1955), ouvrage accueilli avec certaines réserves (Benveniste 1957/58b:43); mais Martinet se borne au phonologique, et il va apporter plus tard (Martinet 1957/58) une précision importante à l'analyse pragoise en rappelant que les traits distinctifs n'apparaissent jamais isolément et qu'il n'existe aucun phonème dont l'identité se réduise à un seul trait. Après l'époque évoquée ici, l'activité phonologique en Grande-Bretagne est si étroitement liée aux traditions de l'érudition et aux préoccupations des lycées et des grandes universités, qu'on voit la recherche concentrer ses efforts sur la reconstitution du phonétisme des grandes langues de l'antiquité européenne et indienne (Allen 1965, 1968a, 1968b), sur la base des descriptions anciennes ainsi que des traditions orthographiques.

L'analyse catégorielle et la syntaxe

Reconnaissant le rôle central que joue l'effort d'identification et d'investigation des catégories linguistiques, on doit aussi entièrement attribuer les grands succès de notre époque dans ce domaine à l'emploi des méthodes structuralistes. L'essor qu'a connu cette recherche est dû, à ce qu'il nous semble, principalement à l'École française, ou plus exactement à une symbiose de deux grands savants, Benveniste et Kuryłowicz, que l'on doit également considérer comme étant rattaché à cette même École, et qui souligne que

> «the renewal of grammatical analysis due to structural methods is most effective where overall categories, such as the inflectional ones, are concerned» (Kuryłowicz 1964, préface),

Il conçoit chaque catégorie comme un paradigme dont l'analyse dégage des phénomènes de variation, d'alternance et d'opposition dans les relations paradigmatiques et les relations syntagmatiques, ce qui est le dernier stade dans l'extension des points de vue pragois en phonologie à tous les niveaux d'analyse. Dans l'œuvre de Kuryłowicz, les moyens d'expression morphologiques des idiomes indo-européens sont traités selon ce modèle. Pour la diachronie, cette doctrine apporte le concept important de la réinterprétation des corrélations et des oppositions catégorielles, réinterprétation qui peut être en partie la conséquence d'une disparition de moyens d'expression, provoquant l'émergence de contenus catégoriels nouveaux — en contraste marqué avec des doctrines qui opèrent avec des «significations» aprioriques dont on devrait toujours trouver l'expression dans la langue. Les thèses de Kuryłowicz ont, curieusement, inspiré la recherche plutôt dans les langues non indo-européennes, probablement parce que là, moins approfondie, elle était donc plus ouverte à de nouveaux points de vue (Fleisch 1947); en s'inspirant de l'une de ses études (Kuryłowicz 1949a), on a pu, grâce à un modèle analogue, faire progresser la clarification, en diachronie, de l'émergence des systèmes temporels assez énigmatiques que présentent les verbes sémitiques (David Cohen 1989, Rundgren 1961, 1963, HBR 1961=1984a:285-305, 1985=1994a:410-417).

La catégorie souvent méconnue nommée «aspect» est traitée à un haut niveau de recherche générale et comparative par David Cohen (1989), dont l'objectif est l'approfondissement de la grammaire comparée sémitique et qui analyse les moyens d'expression et les rendements de leurs oppositions dans les langues sémitiques sans abandonner la tradition française des réflexions guillaumiennes (cf. Guillaume 1929); il compare les faits sémitiques avec ceux que présentent d'autres familles de langues. D'un côté, David Cohen se libère du modèle slave trop souvent appliqué, mais en même temps il ne s'inspire pas des clarifications importantes apportées par la contribution de Koschmieder (1929) et centrées sur le turc, pris comme repère pour la mise en rapport des catégories quasi temporelles du verbe avec la saisie du déroulement du temps chez le sujet parlant — contribution dont la substance a été reprise sous une forme apparemment définitive en 1945.

Outre la description approfondie des catégories d'une langue spécifique, la saisie d'une même catégorie ou de catégories analogues à travers un grand nombre de langues a ouvert la voie, les études de ce genre se multipliant, à une reconnaissance améliorée à la fois des anisomorphismes et des phénomènes qui se retrouvent souvent et sont considérés comme des universaux (conçus d'une manière typiquement «européenne»). Cette dernière orientation est à la base de projets de recherche avancés et de portée très large comme le Universalienprojekt de Seiler et le projet d'*Actances*, à orientation typologique, de Lazard, en relation avec le projet «Eurotyp». Ce dernier, projet de grand envergure, qui consacrera chacun de ses neuf volumes à une catégorie donnée ou à un ordre de faits donné dans les langues de l'espace géographique de l'Europe a été programmé en 1989 et lancé en 1990 par la Fondation Européenne pour la Science et les résultats sont en cours de publication au moment de la rédaction du présent aperçu.

Les parties du discours

Le développement de la recherche en syntaxe en Europe a été spectacu-
laire, comme si nos savants avaient voulu montrer eux aussi leurs savoir-
faire; elle est révolutionnaire en ce sens que dans la quasi-totalité des
problèmes de ce domaine les concepts traditionnels ont été soit abandonnés
soit soumis à une révision profonde. Il faut sans doute voir là comme une
réaction forte aux doctrines transatlantiques, dont la description syntaxique
part de classes de mots préconçues telles que «verbe» et «substantif», dans
le souci de définir et de pratiquer formellement une distinction entre les
parties de la phrase et les parties du discours, distinction qui, appuyée sur
des prédécesseurs du 19ème siècle, a été plus stricte dans la recherche européenne qu'ailleurs et a fourni une base solide à la grammaire dépendancielle et à la théorie des valences. Pour le générativisme, les entités
«substantif», «verbe», «adverbe» occupent presque une position cardinale
de «donnée primaire»: il ne peut, il ne doit y avoir aucun doute sur la
possibilité d'en donner une définition forcément universelle et fondée sur
des traits syntaxiques. En Europe la recherche d'une solution s'est partagée
entre deux tendances. Dans l'aire germanophone la théorie des parties du
discours a fait une avancée par l'introduction de la «grammaire référée au
contenu» (inhaltsbezogene Grammatik), due à Glinz. Cette doctrine, abordée dans sa thèse bernoise (*Geschichte und Kritik der Lehre von den Satzgliedern in der deutschen Grammatik*, 1947), propose de reconsidérer le
classement des mots en le fondant à la fois sur leur structure morphologique
et sur leur fonction dans le contenu de la phrase. La nécessité de ce renouvellement de la doctrine est apparue encore plus nettement avec la publication, presque à la même date, de la deuxième édition (posthume) des *Parties
du discours* de Brøndal ([1]1928, [2]1948), qui mettait encore plus en évidence
le caractère non universel des classes grammaticales des mots et l'anisomorphisme intrinsèque des langues à cet égard. On aurait pu voir déjà ces
idées dans l'ouvrage théorique de l'éminent égyptologue Sir Alan Gardiner
(1932), dont les vues, avec lesquelles Glinz n'était probablement pas fami-
liarisé, avaient marqué de façon non négligeable la syntaxe égyptienne et
copte, à en juger d'après les œuvres réformistes et pionnières de Polotsky
(p. ex. 1944:67,96). La phrase-clé de la théorie gardinerienne (1932:106)
déclare:

> «Noun, adjective, and so on, are parts of language, and the real parts of speech
> are subject and predicate.»

La grammaire référée au contenu (Glinz 1952), largement acclamée en
Allemagne comme un nouveau structuralisme ainsi qu'une résurrection de
Humboldt, conduit à l'examen de la structure de la phrase, qu'elle analyse
dans un pur esprit structuraliste en appliquant la technique des substitutions
ainsi que des tests de compatibilité et d'omissibilité, qui l'aident à établir
des «classes de mots» fondées sur la substituabilité de chaque terme examiné

(Glinz 1957). Savant qui s'intéressait à l'enseignement secondaire, Glinz, dont la carrière académique n'était pas une carrière universitaire (il était professeur à l'Institut Pédagogique de Cologne), n'était pas contraint de prêter beaucoup d'attention à la littérature théorique; l'originalité personnelle qu'accusent ses écrits et ses analyses témoigne d'une simplicité, d'une clarté et d'une fraîcheur sans équivalents dans les ouvrages d'autres théoriciens et méthodologistes.

D'autre part, les chercheurs dont la position doctrinale remonte à Tesnière s'efforcent de trouver des critères de classements binaires de divers ordres, donnant des combinaisons ou faisceaux («Funktionsmerkmalbündel») qui définissent des entités en les distinguant de façon disjonctive et exhaustive. Ces critères étaient au début au nombre de quatre (W.P. Schmid 1986), donc permettant de définir seize parties du discours, ce qui semblait en assurer la validité pour l'indo-européen; l'inconvénient de ces critères est le fait qu'ils sont situés sur des plans divers (sémantique, syntaxique, pragmatique, degré d'autonomie) et qu'ils ne permettent pas de distinguer des classes dont la distinction est souvent essentielle, p. ex. celle entre les substantifs appellatifs et les noms propres. Nous même avions eu l'occasion (HBR 1977:99-101) de suggérer, dans un esprit analogue, une méthode mieux fondée logiquement, avec différentes matrices de quatre critères, tous morphologiques (comme il convient dans une langue flexionnelle, l'hébreu), mais permettant aussi de décrire le comportement syntaxique des seize parties de discours ainsi définies, au lieu de prendre les traits syntaxiques comme points de départ et de repère. Ensuite, dans la recherche d'un instrument analytique pour des langues dont le caractère typologique est intrinsèquement différent de celui des langues de «notre horizon», il a été proposé (Lemaréchal 1989) un système qui est moins compliqué, car il «télescope» les propriétés syntaxiques et sémantiques en une seule et même caractérisation, en saisissant les prédicats sous l'angle de leurs traits sémantiques, mais plus compliqué d'autre part, en ce qu'il fait intervenir un concept de «translationabilité» (dans le sens de Tesnière) et introduit une notion d'«orientation» (qui combine à peu près les valences syntaxique et sémantique). Basée sur «les catégories et aspects de la sémantique de la syntaxe» il n'est peut-être pas évident selon nous qu'elle soit entièrement apte à fournir une description des classes des mots ou parties de discours dans le sens habituel.

Verbes et noms

A l'intérieur du domaine verbal, le rapport entre les verbes et les modèles de phrase commence à jouer un rôle important. D'un côté, nous constatons des tendances qui voient dans le rôle syntaxique du verbe — surtout dans des langues d'un caractère agglutinatif très marqué (p. ex. pour le copte Polotsky 1960=1971:238-268) — la syntaxe toute entière et assimilent

ainsi la syntaxe au comportement du verbe. D'autre part, la position particulière du verbe «être» suscite des études approfondies, d'un côté sous
l'angle philosophique autour de son apparente polysémie (Kahn 1973,
visant le grec, dans une partie d'une série qui porte sur la notion d'«être»
en général, Verhaar, ed., 1967), et par ailleurs au sujet de ses fonctions,
quand il n'est pas le pendant d'une phrase dite nominale, c'est-à-dire ne joue
pas le rôle d'une copule. Deux études de Benveniste, dont l'une est consacrée à la fonction spécifique de ce type de phrases dites nominales (1950),
bien distinctes des constructions à copule, et dont l'autre (1960b) démontre
l'équivalence sémantique (et, dans un certain sens, grammaticale) des verbes
«être» et «avoir», attribuant à ce dernier le statut d'un verbe d'existence,
fournissent des bases nouvelles à la recherche grammaticale et typologique
sur les constructions possessives (p. ex. Seiler 1983), tout particulièrement
en ce qui concerne la différenciation entre les «have-languages» (cf. Issatschenko 1972) et les «be-languages» (plutôt «exist-languages»); on a dès
lors le moyen de mieux comprendre l'emploi transitif-impersonnel du type
habet «il y a» (HBR 1969=1982:254-266, aux pp. 263sqq.) ainsi que la
transitivisation du verbe «être» utilisé dans les constructions possessives de
bien de langues, anciennes et vivantes, parmi lesquelles l'hébreu israélien,
qui a particulièrement inspiré la recherche en linguistique générale (Hagège
1993:63-73).

Un autre problème, touchant au domaine nominal, a connu un renouveau
après les réflexions exposées au 19ème siècle (Serbat 1981): la description
ou l'interprétation ainsi que l'explication des fonctions des cas. Hjelmslev
a donné à ce sujet de nouvelles bases théoriques en publiant sa *Catégorie
des cas* (1935–1937); les réflexions sur ce thème ont leur origine dans
le débat opposant une théorie localiste à une théorie grammaticale quant à
la valeur essentielle ou originale des cas nominaux, avec des tentatives de
compromis. L'introduction de la doctrine des valences était de nature à
faire prévaloir les vues qui considèrent la fonction d'au moins une partie
des cas comme intrinsèquement grammaticale. La connexion entre la reconnaissance des fonctions valencielles et la conception de la nature des cas
apparaît clairement dans des ouvrages tels que Miller (1985), qui traitent de
la relation entre la sémantique et la syntaxe et développent une théorie localiste, dans laquelle le «localisme» est caractérisé comme «a theory of
semantic structures», à l'intérieur de laquelle «non-spatial meanings can
easily be derived (synchronically) from spatial ones». Quand cette problé-
matique aura conduit à des conclusions nettes et claires (cf. Serbat 1981:
204-205), on pourra en faire bénéficier la compréhension de la structure
grammaticale des langues dans lesquelles le système des cas, au lieu d'avoir
pour expression des moyens flexionnels ou morphophonémiques, fait intervenir un paradigme de post- ou pré-positions (comme le français contemporain, les langues sémitiques etc.). Pour l'indo-européen, le progrès à attendre
concerne les fonctions des constructions observées, p. ex. le datif posses-
sif (Bengt Löfstedt 1963) et son rapport avec le datif dit «sympatheticus»

en relation avec la fonction d'inaliénabilité (d'après Benveniste 1952b, HBR 1959a =1982:325-354, 1968:25, 43), exprimée en grec homérique par φίλος.

L'ordre des «mots»

L'essor considérable des études syntaxiques sur l'ordre des «mots» (on ne se libère pas volontiers du terme «mot» dans ce contexte, même si on est conscient de l'importance de la distinction entre composants syntaxiques et mots dans ces faits d'arrangement linéaire) débute en Europe avec l'introduction de la «functional sentence perspective». Pourtant on ne s'engage ni souvent ni volontiers en Europe dans des descriptions fondées sur des schémas grammaticaux du type *SOV, VSO*: on a conscience de différences fondamentales dans la signification et, par conséquent, dans le degré de validité de ces formules selon qu'elles s'appliquent à des langues qui marquent le statut grammatical d'un substantif ou d'un groupe nominal par sa position relative ou à des langues dans lesquelles ce statut est marqué morphologiquement ou à l'aide de particules, le jeu des positions restant ainsi disponible pour l'expression d'autres valeurs, notamment pour celles qui relèvent de la fonction énonciative. C'est ainsi que la «perspective fonctionnelle des phrases» peut être plus efficacement étudiée pour les langues flexionnelles qui appartiennent au deuxième type, ainsi pour les langues indo-européennes anciennes et celles qui ont conservé une flexion casuelle. Il est assez rare, dans la période envisagée ici, de trouver des spéculations sur la façon dont «les Indo-européens auraient formé leurs phrases», et ce n'est pas avant 1969 (Dressler) et 1986 (Bader) que l'ordre des composants de la phrase n'est plus étudié sans qu'on insiste particulièrement sur le fonctionnement énonciatif des différences d'ordre.

On assiste donc à des efforts pour rompre avec une présentation mécanique non fonctionaliste des faits d'ordre dans les langues, ces faits étant abordés du point de vue purement philologique et stylistique, comme dans le livre réputé de Dover (1960), encore trop souvent cité même de nos jours par quelques philologues classiques. Selon une étude ultérieure de Dressler (1971) les positions non initiale et initiale dans les plus anciens témoignages indo-européens du verbe auraient «suivant la règle» des fonctions différentes du point de vue de la Textsyntax qu'il préconise. Cette thèse, illustrée par des exemples épigraphiques et autres, ne tient pas suffisamment compte de la fonction énonciative dont l'analyse est très prometteuse, comme nous avons essayé de le démontrer, au moins à partir du grec (HBR 1975 = 1982:389-402). Ainsi les efforts faits pour une véritable reconstruction des diverses fonctions syntaxiques indo-européennes n'ont pas apporté des résultats particulièrement remarquables; or, l'importance des faits liés à l'ordre syntaxique se trouve illustrée du point de vue de la grammaire fonctionnelle et de la syntaxe structurale dans Bolkestein 1985:1-14. Ce type de recherche appliqué aux langues indo-européennes anciennes ou «classiques» peut porter des fruits quelque peu «pourris», comme dans les tentatives faites pour concilier les faits décelés en philologie avec les théories généralisées d'orientation universaliste essayant de découvrir les principes greenbergiens dans l'indo-européen ancien, idées proposées par Aitchison (1979) et accueillies avec scepticisme par Strunk (1977:17). Rappelons le malentendu fondamental qui est à la base de l'utilisation des formules *SOV* etc. pour cet objectif, et les choses se gâtent encore bien plus quand on s'appuie sur une seule langue comme représentant l'indo-européen en général. Notre point de vue critique nous amène à nier l'utilité des généralisations universalistes, tout particulièrement à propos des questions soulevées ici, parce qu'on voit se manifester une tendance à considérer les langues très anciennes comme des reflets inchangés et immuables de proto-langues, ce qui est à proscrire dans la recherche syntaxique plus encore que dans tout autre domaine; pour éradiquer cette erreur bien des efforts ont été faits, pour une bonne partie par nous-même (HBR 1957 = 1982:303-324, 1973 = 1982:373-388, 1975 = 1982:389-402, 1987b = 1994a:174-187, 1994b).

La distinction des fonctions syntaxiques

L'année 1978 connut, peut-être par une simple coïncidence, une poussée en avant extrêmement importante à l'intérieur de l'École française et dont l'influence est tangible dans d'autres pays, grâce à la publication, dans le même volume du *BSL*, de trois longs articles de fond, de Hagège (1978a), Lazard (1978) et Perrot (1978a), précédés quelques mois auparavant par une contribution préparatoire de Hagège (1978b). Ces articles ont pour objet l'étude approfondie des trois fonctions syntaxiques, les différents auteurs concentrant en effet chacun son attention sur une des fonctions ou sur un des aspects, et l'ensemble élargit la portée des travaux de leurs prédécesseurs tchèques de telle façon que les méthodes ainsi développées puissent être appliquées à des nouvelles langues (comme il a été fait en l'occurrence, plus tard, par Fougeron 1989). L'objectif de Hagège est, entre autres choses, de mettre les marques suprasegmentales présentes dans la phrase («intonations») à leur place appropriée; en tant que moyens d'expression non seulement du «type» d'une phrase (interrogation, assertion etc.), mais aussi des relations syntaxiques, elles constituent un paradigme autonome qui ne se laisse décrire que par le recours à des «fonctions» jusqu'alors largement négligées: la segmentation de la phrase sur le plan énonciatif et l'organisation contextuelle du message, avec l'idée qu'entre autres distinctions réalisées par l'intonation se trouve celle entre les compléments adverbiaux et les compléments de phrase. Ici Hagège emploie pour les trois ordres de valeurs distincts le terme «fonctions», qu'il remplace dans d'autres travaux par «points de vue»; le terme «fonction» met plus clairement en relief le fait que ce dont il est question se situe à l'intérieur du langage et appartient au système linguistique ainsi qu'à sa matérialisation dans la parole, réunissant les deux faces du «signe», tandis que l'autre terme, «point de vue», risque de créer chez quelques-uns l'impression erronée que les distinctions en question ne se réalisent que pour qui «regarde» les énoncés ou la langue, c'est-à-dire n'existent donc que dans la vue et dans l'esprit du linguiste, comme un fantasme arbitraire. Lazard s'attache à une deuxième fonction syntaxique, l'actance, à laquelle il a consacré son attention dans une série de publications et en dirigeant un groupe quasi universaliste. Dans l'article cité, il met l'accent sur la définition formelle de la structure traditionnellement nommée «ergative» en la disjoignant de la fonction grammaticale à laquelle devrait être réservé le concept de «sujet». On peut se demander si les réflexions de Lazard n'ont pas été provoquées par la publication de Mme Tchekhoff sur l'ergatif (1978), ouvrage qu'il critiquera sévèrement en même temps qu'un autre de Tchekhoff paru en 1980 (Lazard 1980). Il nous paraît clair et incontestable que seuls les critères formels et les classements que fournit Lazard permettent d'identifier objectivement la syntaxe d'une langue comme étant du type «ergatif» ou du type «accusatif» (aussi nommé «actif») et de disposer ainsi d'un moyen précieux de caractérisation des langues, qu'elles soient attestées ou reconstruites par la linguistique comparative, et en même temps des notions culturelles véhiculées par ces langues. Dans le troisième essai — pour nous en tenir à l'ordre alphabétique de cette partie du volume — Perrot fait état, avec toute la clarté et la sobriété nécessaires, des «principes» d'analyse qui doivent être respectés en syntaxe, rappelant «la nécessité de respecter dans une entreprise de ce genre certaines exigences fondamentales de l'analyse linguistique si l'on veut aboutir à des propositions méthodologiques propres à faire progresser réellement la connaissance scientifique des phénomènes considérés» (Perrot 1978a:87). Ce que signifie cette contribution — précédée en 1970 par une mise au point préalable de la notion exprimée par le terme «sujet», dans le même volume qu'un essai portant sur la juxtaposition des notions de «sujet» et de «prédicat» dans certaines traditions grammaticales médiévales (David Cohen 1970) — c'est qu'il s'agit de déceler les traits pertinents valables pour chaque langue sur chacun des niveaux, comme on le fait en phonologie ou en morphologie. Perrot (1978b) souligne l'importance de l'analyse au niveau communicatif-énonciatif, mais refusera (1987) de la situer dans un ensemble de trois «niveaux» (ou «points de vue»); il prend soin de la situer dans l'unité phrastique, ce qui laisse par ailleurs une place à l'étude du rapport des traits formels d'une phrase — l'ordre des constituants en premier lieu — avec la cohérence des séquences de phrases dans le discours. Ce dernier aspect nous a toujours paru le plus difficile à traiter, parce que nos découvertes à cet égard ne sont pas vérifiables au seul plan du signifiant, mais nécessitent aussi une prise en compte de considérations extra-grammaticales concernant le «sens», comme, p. ex. la cohérence logique du discours, la connaissance du monde ou le contexte situationnel. C'est à la présentation de

Perrot, par ailleurs résumée et amplifiée plus tard sous un aspect typologique dans le cadre du projet «Eurotyp» (Perrot 1998, où l'auteur traite de la manifestation morphosyntaxique de la structure d'information dans les énoncés divers), qu'il faut attribuer l'évolution importante des démarches de la recherche dans les travaux ultérieurs en France et ailleurs et en particulier la publication plus tard, toujours dans les colonnes du *BSL* (HBR 1987a = 1994a:113-140) d'une étude identifiant encore d'autres traits formels — quasi-«signaux» — des rôles des constituants au niveau énonciatif, et, dans le même volume, d'un article dans lequel Feuillet (1987), bien que revenant à la notion du «point de vue», propose de séparer encore plus rigoureusement l'analyse des trois «niveaux» évoqués et de reconnaître que les entités analysées sur chacun de ces niveaux ne sont pas les mêmes: ce seraient des «phrases» au plan «morphosyntaxique» (grammatical), des «propositions» au plan «sémantico-référentiel» (qui s'applique à l'actance, ce qui nous semble accorder mal avec le terme «proposition» dont l'emploi est ici quelque peu forcé), et finalement, des «énoncés». La chose importante dans l'étude de Feuillet, qui met en cause les théories tesniériennes, est probablement le fait qu'il attribue à chacun des composants principaux de chaque «niveau» des catégories qui caractériseraient ce niveau, ce qui renforcerait l'autonomie des «points de vue». Vrai, encore qu'il ne soit pas certain que les «catégories» en question ne soient pas dans une certaine mesure éthnocentriquement indo-européennes, risque qu'on a tenté d'éviter lors d'une journée d'études spécifiquement consacrée en 1990 (v. HBR 1994c) à «l'énonciation et information dans la phrase».

L'approfondissement des recherches et des connaissances dans le domaine des trois fonctions syntaxiques, dans lequel il faut donc voir l'un des grands mérites de l'École française, se rencontre aussi chez les chercheurs d'orientation américaine, mais constitue aux yeux de nombreux de nos confrères la plus importante contribution de l'«Europe», un apport sans lequel aucune recherche scientifique sur les faits syntaxiques ne serait aujourd'hui possible.

D'autres chercheurs (parmi eux des Tchèques, avec des travaux importants de Sgall en 1984 et de Hajičová en 1992) continuent à chercher les moyens d'expression qui permettent de distinguer les divers membres de la catégorie «fonction communicative», à propos de laquelle Perrot, dans son étude citée plus haut de 1987, est amené à souligner la nécessité de l'étudier de la même manière que toutes les autres, à savoir en prenant toujours en compte «la dualité fondamentale du signe» avec les «deux faces signifiant et signifié». Il faut surtout être conscient de la non-coïncidence des paires terminologiques «rhème — thème» et «comment — topic» (en premier lieu en ce qui concerne l'identité du terme marqué de l'opposition, cf. HBR 1987a = 1994a:113-140, mais voir aussi Hajičová–Sgall 1984). Il apparaît ainsi clairement que l'ordre des composants de l'unité syntaxique n'est aucunement le seul moyen d'expression de la fonction communicative, bien qu'il ait une place extrêmement importante dans ce cadre, d'autres traits formels et moyens d'expression, situés à différents niveaux d'analyse jouant également des rôles importants, comme l'intonation. Des travaux d'une importance considérable étudiant l'apport de cette dernière ont été l'œuvre de l'Institut de Phonétique de Paris, à savoir les ouvrages de Fónagy, qui combine l'analyse des intonations avec celle de la prosodie, tenant compte de facteurs pragmatiques (1982), et tente de découvrir les facteurs émotionnels qui jouent dans la production des énoncés (1983), ainsi que les études d'I. Fougeron (1989), centrées sur la langue russe, mais comportant néanmoins quelques points de principe importants concernant l'intonation, entre autres par rapport à la fonction communicative.

Par ailleurs, on se tourne vers la syntaxe des modèles, ou schèmes, de phrases. Les savants anglais cultivent la «pattern syntax» bien plus que beaucoup d'autres chercheurs, peut-être au début en tant qu'instrument dans l'enseignement des langues étrangères. Cette méthode est en effet la seule capable de remplacer la quasi-description pratiquée par les générativistes. Inspirée — semble-t-il — par la *Modern English Grammar* de Jespersen, et introduite dans la recherche pratique en partie pour des objectifs didactiques comme l'enseignement de l'anglais et d'autres langues étrangères, elle s'accompagne d'une tendance à voir dans chacune des différentes possibilités d'arranger les composants d'une phrase un schème spécifique, et risque — si elle est étendue à des langues typologiquement différentes, notamment à des langues d'un type plus flexionnel que l'anglais moderne — d'oblitérer la distinction entre les fonctions grammaticales et communicatives, d'autant plus que l'anglais ne peut pas normalement utiliser des mécanismes de transposition des composants principaux (les «primary sentence parts» de Jespersen) pour exprimer des distinctions au niveau énonciatif. On voit aisément comment dans ce contexte la recherche sur le «clefting» pouvait se renforcer. En même temps, ces circonstances peuvent expliquer que dans les grandes grammaires des langues anciennes, qui constituent une partie si importante dans l'activité des chercheurs européens, la syntaxe, au moins la syntaxe descriptive, soit restée longtemps une espèce d'«enfant non légitime». La syntaxe a pourtant eu déjà sa place dans la description de couches plus anciennes de la langue anglaise (Gardner 1971), mais on la trouve peu pratiquée ailleurs. Situation malheureuse, l'analyse syntaxique ouvrant des possibilités à notre avis extraordinaires, si on l'applique à des langues possédant des types formels de prédication très divers, avec verbe (copule verbale comprise) ou sans verbe, ou encore avec copule pronominale. Cela permet de reconnaître les fonctions sémantiques différentes que chacun des schèmes remplit de façon différentielle, comme il a été montré pour des langues non indo-européennes, ainsi (non sans qu'ait joué l'influence de l'égyptologue oxonien Sir Alan Gardiner, v. plus haut) par Polotsky pour le copte (1960, 1961 = 1971:238-268, 398-417, 1987) et le néo-syriaque (1979), et par ses disciples et successeurs pour l'hébreu israélien (HBR 1967:209-264, 1977:209-216) et biblique (HBR 1993a:96-100) aussi bien que pour le grec attique (Barri 1977) et sur un plan diachronique et comparatif également pour l'indo-européen ancien et primitif (HBR 1978a = 1982:77-82, 1987b = 1994a:174-187, 1994b:12-19; cf. Bader 1986 sur la base de critères classificatoires situés sur un plan non grammatical) ainsi que pour le sémitique en général (HBR 1994b:19-22, cf. David Cohen 1984). L'idée s'est confirmée que le sens d'une phrase se constitue par le total des significations des lexèmes qui y sont inclus, à quoi s'ajoute l'apport du modèle dans lequel ces lexèmes s'organisent.

La grammaire valencielle (dépendancielle)

La grammaire valencielle ou dépendancielle (couramment aussi nommée «actancielle») n'aurait pu s'élever à la valeur considérable et à la position qu'elle a atteintes dans l'analyse descriptive des structures, si elle n'avait trouvé une amplification par la technique de décomposition progressive en deux composants, dits «composants immédiats» de chaque unité. L'essor de cette méthode — en ce qui concerne l'Europe — a pour origine un souci d'application et d'activité didactique (Dönnges–Happ 1977a,b), visant principalement l'acquisition des langues secondes ou étrangères sur une base contrastive, ce qui explique pourquoi Israël est un terrain particulièrement fécond pour sa floraison (HBR 1958–1967, 1977:200-203, Rothenberg 1974) — le premier, paraît-il, où elle a trouvé une application à une langue non indo-européenne. L'établissement du statut syntaxique (valenciel ou non valenciel) d'un constituant de phrase est tout particulièrement décisif dans les langues dans lesquelles le marquage formel des compléments valenciels est totalement ou partiellement (souvent aux pronoms près) identique à celui des compléments libres (adverbiaux), en ce que tous les cas «grammaticaux» sont marqués par des préfixes «prépositionnels», ce qui s'est produit non seulement en français, mais aussi en hébreu (HBR 1958–1967), ou en allemand, où une partie des structures prépositionnelles ont un statut valenciel (actanciel) et constituent donc des «Präpositionalobjekte» (Renate Steinitz 1959, 1969). La doctrine dépendancielle, créée en français, s'est répandue rapidement (Helbig 1970, ch. 6), grâce à son instigateur, le germaniste Fourquet (1949, 1965), à partir des études allemandes (Helbig 1971), à un nombre considérable de grandes langues européennes, y compris la langue anglaise, dont la grammaire dépendancielle a été étudiée d'abord en Allemagne (Emons 1980), mais a été l'une des dernières et des moins représentées. Il va sans dire que cette doctrine exigera un remaniement considérable des lexiques (Helbig 1982), en premier lieu bilingues et contrastifs. Dans l'espace culturel européen, les travaux de ce genre sont en plein progrès et devraient— à notre avis — bénéficier sans tarder d'appuis académiques et internationaux. Si l'on évalue approximativement le rythme de publication des ouvrages et études de cette nature, on constate que la progression se fait en raison du développement de l'apprentissage des langues étrangères dans un pays donné, que ce soit en tant que «langue-cible» ou en tant que «langue-source»: ainsi pour l'allemand (Helbig–Schenkel 1969), le français (Busse 1974, Busse–Dubost 1981, Lewicka–Bogacki 1983), le latin (Happ 1976), l'hébreu (Stern 1994), le russe (Mel'čuk–Žolkovskij 1984), le polonais (Polański 1980, Sawicki 1988), l'anglais (Allerton 1982), avec plus tard une extension aux langues romanes autres que le français (Koch-Krefeld, ed. 1991). La position du latin dans ce contexte est spécialement intéressante: c'est pour cette langue que Happ, classiciste allemand de formation partiellement française, avait jeté les bases d'une présentation d'ensemble de la grammaire dépendancielle d'une langue, à la suite de quoi une interdépendance entre connexions syntaxiques et structures sémantiques a pu être démontrée (Hannah Rosén 1978). Il est significatif que les travaux émanant de Jérusalem produisent et inspirent des analyses approfondies de grandes langues européennes et exercent notamment une influence tangible dans l'étude du français.

Les actances

Les traits et phénomènes d'actance auxquels se consacre de façon intensive Lazard avec une orientation typologique et universaliste en explorant un ensemble très large de langues de toute appartenance généalogique et typologique (article de 1978, mentionné plus haut), suscitent un intérêt qui se porte en particulier sur les constructions ergatives, pour lesquelles Lazard propose une caractérisation syntaxique formelle et globale des différents types qu'elles comportent (Lazard 1980, 1994, rejetant les tentatives de Tchekhoff 1978). La catégorie de l'actance est représentée sous une forme paradigmatique et structurale permettant la classification typologique des langues sur la base des valeurs actancielles et des moyens d'expression utilisés, ce qui offre — à notre avis — une base solide pour l'extension et l'élargissement des fondements théoriques déjà posés.

La relative

Une entité syntaxique qui attire spécialement l'attention des chercheurs à cause des mécanismes complexes et multiples qui y sont impliqués et qui ont été décrits par Benveniste (1957/58) est la proposition relative. Elle est étudiée du point de vue fonctionnel (Seiler 1960) et dans une perspective comparative centrée sur l'indo-européen, d'où se dégage une relation entre d'une part le classement selon la position de la subordonnée et certains traits typologiques et d'autre part des développements caractéristiques au plan diachronique (Chr. Lehmann 1979); la question a reçu ensuite du même auteur un traitement théorique et typologique de grande portée qui embrasse des langues d'un bon nombre d'autres familles (Chr. Lehmann 1984) grâce au fait qu'il ne se borne pas aux formules du type *SOV, VOS* etc. Par ailleurs, des classifications fondées sur des traits formels, lorsqu'elles empruntent leurs données quasi uniquement aux langues classiques (Touratier 1980) ne fournissent pas une base très solide pour la traitement d'autres familles de langues, même si leur point de départ déclaré est l'indo-européen en général (comme chez Kurzová 1981). Le même problème a pu être approché du point de vue de l'évolution et de sa typologie dans un domaine extra-indo-européen, l'hébreu (HBR 1959b = 1984a:309-321). Il a été également possible de démontrer, au moins pour le français contemporain, que la proposition relative en tant que telle remplit aussi une fonction au niveau énonciatif (Rothenberg 1971, 1979) en plus de son fonctionnement dans les composants non rhématiques de diverses constructions à scission qui s'y apparentent. La question de la représentation de l'antécédent à l'intérieur de la subordonnée et de sa «découverte» par le destinataire du message («noun phrase accessibility»), abondamment traitée par la linguistique d'outre-Atlantique, semble avoir occupé très peu les chercheurs d'orientation typiquement «européenne».

La syntaxe transphrasale

Ce sont particulièrement les syntacticiens européens des dernières décennies qui se sont consacrés intensivement à la syntaxe transphrasale. Mais le grand risque est de sortir tacitement de la «Textgrammatik» et, pour saisir des phénomènes de registres dépassant la grammaire et intéressant notamment des faits de lexique, de sortir des limites de l'analyse de la langue, et nous devons ici prononcer avec toute l'insistance nécessaire le jugement que nous portons sur la branche de recherche en cause: elle n'a de place parmi les objets d'étude strictement linguistiques, qui sont par définition les phénomènes de la langue en tant que système d'expression, que dans la mesure où au sein d'un texte les traits formels d'une phrase conditionnent, pour des raisons de cohérence ou comme effet du voisinage avec une autre phrase et de la répartition des thèmes et des rhèmes dans la séquence textuelle donnée, l'apparition, voire l'exigence d'autres traits formels dans cette autre phrase. On comprend donc aisément que si des considérations vraiment grammaticales ou linguistiques dans l'étude de textes suivis et cohérents sont justifiées comme faisant partie de la syntaxe au niveau énonciatif, le reste appartient au domaine de la science littéraire, de la logique ou de la philosophie dans un sens plus large, et qu'en conséquence nous ne pourrons pas nous y arrêter dans le présent contexte.

La syntaxe diachronique

En ce qui concerne le domaine difficile et longtemps laissé de côté de la syntaxe diachronique, il avait connu un essor extraordinaire avec les travaux révolutionnaires d'Einar Löfstedt (1911, 1928–42), qui — bien que consacrés à l'histoire du latin vers l'époque où naissent les langues romanes —

ont ouvert les yeux de maints linguistes sur les multiples aspects possibles des changements morpho-syntaxiques et lexico-syntaxiques dans les langues vivantes et sur les possibilités de systématisation qu'ils offrent, sans parler du bénéfice d'une analyse philologique approfondie des textes. Or, malheureusement, ni le travail philologique ni l'intérêt pour le latin n'étaient assez répandus pour permettre une grande diffusion des idées neuves de Löfstedt chez les chercheurs étudiant d'autres langues. La recherche syntaxique diachronique se trouve renouvelée dans une étude importante — mais, semble-t-il, oubliée — de Holland (1986) qui soutient la thèse très convaincante selon laquelle les constructions absolues ne constitueraient que des adverbialisations de phrases dépourvues de verbes; en progressant un peu plus dans la même direction, on peut ajouter que les modèles de phrases antérieurs tombés en désuétude ont subsisté en servant de modèles spécifiques de propositions subordonnées (HBR 1987b = 1994a : 174-187, en particulier p. 179). Remarquons que ce progrès est dû à la pratique d'une syntaxe des modèles de phrases, dont la valeur heuristique est loin d'avoir disparu.

LA COMPARAISON

L'étymologie

Bien qu'en matière d'étymologie ni la linguistique européenne ni celle des autres pays n'aient de grandes conquêtes à leur actif, il y a néanmoins deux prises de position de principe auxquelles il faut prêter attention si l'on veut saisir complètement le rapport actuel entre l'étymologie et les autres branches de notre discipline.

Même l'étymologie fait sienne la distinction qui s'impose à la conscience post-saussurienne entre la diachronie et la synchronie, ce qui ramène la conception de l'étymologie à son sens originel en grec, celui qui fait référence à la «vérité» et qui évoque par là les cohérences ou plutôt les compatibilités conceptuelles: c'est ainsi que se comprend l'article programmatique de Vendryes (1953, présagé dans 1921:211-212)) «Pour une étymologie statique». D'autre part, des chercheurs germanophones s'attaquent aux problèmes posés par la rédaction de lexiques étymologiques et historiques, dont la publication a été particulièrement prolifique à l'époque dont nous rendons compte, et cela à partir de deux conceptions, l'une — continuant la tradition sur la base des points de vue comparatif et philologique — caractéristique de l'espace germanophone (p. ex. Mayrhofer 1956–1980, 1986–1995, Frisk 1960–1972, von Wartburg 1928–1966, Kluge–Mitzka–Seebold 1989), l'autre — donnant à la lexicographie étymologique des langues anciennes transmises par tradition écrite une base nouvelle — plus prisée en France. Ces derniers travaux, plutôt que de partir de racines ou de morphèmes isolés, accordent une primauté aux mots tout faits, afin d'assurer aux conjectures étymologiques une valeur réelle; c'est surtout la conception française, qui convertit le lexique étymologique en une «histoire des mots» (Ernout–Meillet 1932–1951, Chantraine 1968–1980) en insistant moins sur la découverte des sources d'un élément de vocabulaire, orientation dont tous attendent un véritable progrès dans ce domaine et un approfondissement de nos connaissances.

L'étymologie pratiquée en Europe se concentre donc de plus en plus sur l'étude des mots tout constitués et s'éloigne de la comparaison des racines, finalement considérée comme insuffisante et mal fondée. La raison de cette attitude est à chercher dans l'influence croissante de la sémantique lexicale dans la recherche étymologique (v. les vues théoriques judicieuses et importantes de Pisani 1947=1975, cf. Untermann 1975): seuls les mots tout faits comportent un sens dans les civilisations. D'autre part le résultat de cette tendance a été l'impossibilité de fournir des outils suffisants à la comparaison interfamiliale ou nostratique, enfermée dans les limites des racines, qu'elle découpait en des petits morceaux pour s'en servir d'une manière assez spéculative. Si on reconnaît que la comparaison formelle et fonctionnelle (c'est-à-dire: sémantique) des séquences morphémiques que sont les mots est de rigueur pour atteindre des résultats incontestablement corrects et historiquement significatifs, on ne peut être que réservé à l'égard d'une étymologie qui, dans sa démarche diachronique ou comparative, se fonde sur de trop petits segments de mots, même quand elle opère à l'intérieur de grandes familles comme l'indo-européen.

Qu'il me soit permis d'ajouter une anecdote personnelle. Les auditeurs de mes cours de gotique étaient encouragés à se servir pour l'étude de cette «Korpussprache», entre autres instruments de travail, de dictionnaires étymologiques des principales langues germaniques, où ils trouvaient sous *yesterday* la comparaison habituelle «cf. got. *gistradagis*», qu'ils interprétaient, par conséquent, comme signifiant «hier». Les dictionnaires ne leur indiquaient pas qu'une comparaison des mots pleinement constitués et non de composants leur aurait appris que ces vocables ne sont aucunement comparables, représentant deux structures différentes de composés, de sorte que — comme on sait — *gistradagis* signifie «demain» plutôt qu'«hier».

Il devint donc clair que seule la sémantique fournit les principes permettant de saisir la «forme interne» du mot (Pisani 1947 = 1975:79, 156-160) de la même manière que la phonologie et la morphologie fournissent ceux qui concernent la «forme externe», et on prétend de moins et moins arriver à établir une «signification de base» ou «originelle» d'une entité lexicale, de sorte que les distorsions sémantiques pratiquées à des fins étymologiques sont en train de disparaître. En d'autres termes, bien qu'un élément de spéculation étymologique — peut-être inévitable — subsiste dans la recherche appliquée aux langues «disparues» et souvent quasi inconnues ou non interprétées (surtout dans l'espace méditerranéen) et à leurs relations de parenté (p. ex. Mayer 1957–1959, van Windekens 1952, 1960, Georgiev 1941–1945), l'étymologie européenne est devenue plus rationnelle et moins spéculative.

Cela étant, on est néanmoins obligé d'attirer l'attention sur une branche de la recherche étymologique qui se répand de plus en plus et dans laquelle une nécessaire prudence impose encore plus de prendre en compte la sémantique et de faire l'histoire des mots pris en tant que tels, dans leur totalité: la volonté de découvrir une explication des «significations de source» de noms propres humains ou mythologiques à l'aide de considérations étymologiques afin de découvrir des éléments d'une mythologie, d'une religion, d'une culture du passé. Heureusement, en contraste avec le procédé adopté dans l'œuvre de Dumézil, qui est critiqué (Schlerath 1995:5-13) en raison de sa volonté d'établir les comparaisons voulues au plan du vocabulaire pour les adapter à des «structures» préconçues d'un univers religieux et mythologique pan-indo-européen, nous constatons à l'époque actuelle une situation ou au moins une tendance (Campanile 1990), qui accorde une priorité aux fondements formels de la langue dans la recherche comparative et la reconstruction. En ce qui concerne ces noms propres, il y a de nombreux cas où l'on est forcé de progresser ad ignotum per ignotius, quand on segmente les noms en morphèmes ou composants et prétend rechercher ainsi la signification de l'appellation morphologiquement construite (cf. Schlerath 1996:9-14). On se rend bien compte que cette méthode, dont le caractère conjectural est clair, a à plusieurs reprises produit des fruits brillants, mais la réussite n'en est ni toujours assurée ni même prévisible.

Déchiffrements

Bien que les déchiffrements doivent en effet être considérés comme une affaire pré- ou paralinguistique, car ils ne font que fournir au linguiste des matériaux analysables ou bien le contraignent à utiliser ses outils d'analyse linguistique pour réussir dans sa tentative, nous en ferons mention ici, parce qu'ils constituent un foyer du travail linguistique en Europe, que c'est la science européenne qui s'y distingue et que des résultats spectaculaires ont été obtenus dans la période qui nous intéresse.

Les entreprises de déchiffrement impliquent des tâches différentes selon la nature du matériau qui se présente: le déchiffrement proprement dit, à savoir le processus — souvent dramatique — de l'identification cryptographique qui doit déterminer la valeur des signes d'écriture (comme celle de l'écriture linéaire A, en échec jusqu'à ce jour), puis la lecture et la compréhension des textes (même si la valeur des signes est établie: problème de l'étrusque et des textes égéens non helléniques), et enfin, s'il y a découverte d'une langue toute nouvelle, la recherche visant à ranger cette langue, les textes étant suffisamment interprétés, dans un groupe connu; le problème s'est présenté dans le passé pour le hittite, pour l'ougaritique, du point de vue dialectologique pour le grec mycénien, pour la langue sémitique d'Ebla (présentée et analysée par Matthiae 1977, Pettinato 1981), etc. Il y a très souvent une interdépendance entre les différents problèmes mentionnés: la solution que l'on propose pour l'un des problèmes peut être conditionnée par celle que le chercheur envisage pour un autre, ce qui est le cas pour le fameux «disque» de Phaistos, et c'est très probablement l'explication du fait qu'il n'existe aucun déchiffrement réussi qui n'ait pas été rejeté ou contesté au début: ni le hittite, ni l'ougaritique ne furent acceptés dans un premier temps. Quant à l'acceptation du déchiffrement par Ventris et Chadwick (1953, 1956) du linéaire B, finalement reconnu comme «grec mycénien», et dont la découverte donna naissance à une nouvelle et importante branche de la linguistique grecque (si riche qu'il ne convient plus que de faire allusion à des ouvrages fondamentaux tels que Lejeune 1958, 1971 et le renouveau de l'ouvrage de 1947 par la version de 1972) ainsi que de la recherche historique et socio-économique de l'époque préclassique, c'est tout un roman policier qui s'y rattache, lié à des mensonges et à des accusations de vol et d'escroquerie, dont il n'y a heureusement plus lieu de raconter les détails; ce n'est qu'à titre de curiosité que nous indiquons les sources auxquelles on pourra se reporter au sujet de ces altercations (Beattie 1956, 1958, Blegen 1959).

Dans le cadre de nos intérêts immédiats, c'est probablement ici le moment de souligner avec toute l'insistance nécessaire que ce déchiffrement n'aurait pu se réaliser sans un approfondissement de la conception structurale avancée (Ventris-Chadwick 1956:14-20). On sait que l'essentiel des textes mycéniens était «compris» — si ce terme est bien approprié — sans que leur langue ait été matériellement «connue». Cette compréhension a été parachevée d'une manière intra-systémique, sans recours ni à d'autres langues ni à des «béquilles» extra-linguistiques, la fameuse confirmation par des logogrammes figurant des coupes à tel ou tel nombre d'anses n'étant venue qu'après le déchiffrement complet. Bien entendu, les Américains (Kober 1946) avaient utilisé toute l'expérience accumulée par eux dans les services de décodage lors de la deuxième guerre mondiale, services dont Blegen (mentionné ci-avant) était membre. La structure syntagmatique ainsi que paradigmatique des textes en écriture linéaire B était établie d'une manière totalement abstraite et ce n'est que par comparaison avec l'utilisation des séquences morphémiques dans des langues connues — en l'occurrence le grec archaïque — que l'on s'est rendu compte qu'il s'agissait de la même langue. On doit par conséquent apprécier le déchiffrement du linéaire B (au moins pour les tablettes en grec, car il y en a aussi, très probablement, quelques-unes écrites dans une autre langue, non encore analysée) comme une œuvre linguistique autant que philologique et archéologique.

D'autres entreprises de déchiffrement sont aidées dans une large mesure par des données bilingues ou extra-linguistiques, soit historiques, soit matérielles.

De grands efforts de lecture, couplés avec une amorce de déchiffrement, sont consacrés à des langues pré-indo-européennes ou préromanes de l'Europe du sud et du sud-ouest (van Windekens 1952, 1960, Tovar 1955–56, Hubschmid 1960) et à des langues difficilement classables de l'Europe occidentale (Krahe 1955). Cette direction de recherche met en vedette des langues auxquelles on ne prêtait plus guère d'attention: dans le cadre indo-européen, les idiomes celtiques, et en particulier leur présence hors de la région insulaire (K.H. Schmidt 1977), que ce soit une attestation contemporaine ou de «celtique ancien» du début du Moyen-Âge, ou des textes épigraphiques de la région ibérique (Lejeune 1974, K.H. Schmidt 1983, Untermann 1987); les recherches dans ce domaine font également progresser l'élucidation d'une langue auparavant quasi obscure, le gaulois (Meid 1980). Il s'est développé une technique de recherche qui vise à déceler les traits des langues dont le témoignage est trop restreint, trop fragmentaire et trop unilatéral du point de vue des réalia exprimés pour qu'on puisse en dégager un système; ce sont les «langues-débris» («Trümmersprachen») du continent européen, dont l'examen extrêmement intensif occupe sans cesse de grands esprits européens de notre discipline (Detschew 1957, Tovar 1961, 1973, Lejeune 1956, 1974, K.H. Schmidt 1977, Krahe 1954, Untermann 1961, Pellegrini-Prosdocimi 1967, Meid 1994).

La typologie

L'une des explications de l'activité intense des Européens en typologie, la tâche la plus importante de la linguistique selon Hjelmslev, et dont l'intérêt dépasse de beaucoup les phénomènes d'«ordre des éléments significatifs», est leur désir de se démarquer de la comparaison des langues selon le modèle de l'arbre généalogique et d'autre part leur prise de conscience d'une convergence pan-européenne qui se manifeste dans des traits typologiques.

Mais on ne peut pas facilement comprendre la nature et les résultats de la typologie, aspect très caractéristique et très répandu de la linguistique européenne dans la période dont traite notre rapport, sans une réflexion sur la nature et les spécificités de cette branche de la linguistique (Hagège 1982:3-12, Shibatani–Bynon 1995, Ramat 1995).

Il a été reconnu, on l'a vu, qu'une fonction importante de l'ordre des composants est de signaler leur statut du point de vue de la fonction énonciative dans une langue donnée plutôt que de caractériser un type de langues. D'où le fait que la «caractérisation» par les formules typologiques du type *SOV* etc., qui en ce qui concerne la distinction des fonctions syntaxiques sont des pièges déjà mentionnés ici à plusieurs reprises, joue un rôle nettement moins grand chez les Européens qu'ailleurs. Une variante quelque peu marginale de la typologie, qui est activement pratiquée en Europe et fait l'objet de projets de recherche comme l'«Eurotyp» (aux caractéristiques duquel nous avons fait allusion plus haut), est l'investigation méthodique de la façon dont sont exprimées les catégories sémantiques, grammaticales et syntaxiques dans un ensemble de langues. L'autre caractéristique de la typologie pratiquée en Europe est l'accent qu'elle met sur la parenté typologique entre un certain nombre de langues, parenté qui est clairement distincte de la parenté généalogique. Bien qu'il soit naturellement possible de pratiquer la recherche typologique sans faire intervenir des points de vue autres que synchroniques, on constate l'existence de plusieurs degrés de lien et de cohérence entre la typologie et la comparaison en général, l'une des positions extrêmes étant probablement l'affirmation étonnante que

«la tipologia linguistica è solo un ramo della linguistica comparata» (Ramat 1984:17),

bien que Ramat reconnaisse qu'au départ elle constitue, plutôt qu'une classification des langues, une «caratterizzazione delle lingue secondo loro proprietà intrinseche ritenute sufficientamente caratterizzanti» (ibid. 13).

On peut voir se dessiner derrière ces prises de position une attitude en faveur d'une certaine conception d'universaux, qui implique une réaction à la conception typologique héritée de Wilhelm von Humboldt, pour qui les groupements généalogiques des langues révèlent des similitudes qui caractérisent ce qu'il appelle la mentalité nationale ainsi que le degré de progrès de la civilisation. On pouvait encore, dans la première moitié de ce siècle, songer à un type indo-européen ou sémitique, conception qui actuellement est pratiquement abandonnée par un grand nombre de chercheurs. A la notion de «type commun» qui serait «déterminé par la parenté [génétique] entre certaines langues» (Benveniste 1953:41=1966:107) se substituent des observations sur les concordances typologiques résultant d'une proximité géographique, à la suite de l'introduction du concept troubetzkoïen (v. *PICL* 1:17-18, 1928; Jakobson 1931, 1936=1949, 1963:107-108) d'«associations linguistiques» (Sprachbünde) au 1er Congrès International de Linguistes. La parenté typologique se trouve finalement conçue, à la suite de Hjemlslev, comme étant une concordance dans l'application des moyens d'expression, tandis que la parenté généalogique réside dans la similitude matérielle des moyens d'expression. Mais la convergence typologique ne s'explique que partiellement par la proximité géographique, et il faut y ajouter les proximités culturelle et religieuse. Il convient donc de distinguer nettement la typologie et la linguistique aréale. Bien entendu, il n'a pas manqué de tentatives de définition des types de langues sur des bases régionales, mais on ne voit guère se perpétuer les études de ce genre.

Le concept le plus important de la typologie est donc celui de la parenté typologique entre langues, cette parenté étant conçue comme un ensemble de similitudes qui ne sont pas imputables de manière plausible à des processus diachroniques intervenus sur la base d'une «économie des changements». Ainsi le phénomène essentiellement diachronique de la convergence, qui s'est produit dans les pays d'Europe, créant un «type» qu'on aimerait nommer «européen» ou «occidental», a été étudié dernièrement de façon plus intensive qu'auparavant, avec le souci d'en dégager les caractéristiques saillantes (Haarmann 1976a:105-110, 1976b:54).

La notion de typologie a subi des changements considérables en raison des insuffisances des méthodes anciennes (Hagège 1982:4-8, Ramat 1995, cf. Shibatani–Bynon 1995) et du développement de la recherche d'universaux. Mais en posant que c'est la morphologie qui elle aussi nous aide à saisir les parentés typologiques (Schmitt-Brandt 1966), on revient en quelque sorte à Humboldt, qui exagérait l'importance de la morphologie pour reconnaître les caractères distinctifs des langues.

La discussion même de la question «qu'est-ce que la typologie?», constitue déjà un progrès réel, qui apparaît de façon tangible dans les dernières décennies. La typologie européenne est assez avancée pour pouvoir clairement définir sa nature. Ainsi Coseriu (1962–1967, 1969) explique «den Sinn der Sprachtypologie» (1980:157) en soulignant qu'elle n'est pas un instrument de classification des langues, et que les langues ne se laissent pas classer selon des types. Il nie carrément et avec justesse le concept même de type appliqué à une langue. Par là il prépare le terrain pour sa position de principe qu'il va présenter au Congrès de Berlin où il s'oppose à la typologie «holistique» (Coseriu 1987) qui veut attribuer une «typologie» à une langue: il n'admet en principe qu'une typologie partielle. La typologie, en outre, n'est pas un moyen de caractériser une langue, en ce qu'elle ne caractérise que des «procédures» (Verfahren) pour l'expression de certaines fonctions; ces procédures peuvent être situées dans les domaines phonologique, syntaxique, ou morphologique (la morphologie du mot étant déjà utilisée comme outil de caractérisation typologique depuis des générations). Le point de vue personnel de Coseriu entre dans le cadre de sa tripartition hiérarchique des «niveaux», qui situe le «type» d'une langue au dessus de son «système», et le système au dessus de la «norme» (= «système» dans d'autres terminologies, pour désigner l'ensemble des éléments ou des relations pertinents, tandis que le «système» de Coseriu contient des moyens d'expression de tous ordres, qui ne sont pas ce que les autres nomment «système»).

L'abandon de l'ancienne «classification» des langues en types morphologiques nécessite une nouvelle voie pour caractériser une langue typologiquement à l'aide de critères formels. Il a été proposé un système statistique pour la caractérisation typologique d'une langue (Altmann–Lehfeldt 1973), la «complexité morphologique» étant retenue comme indice de la langue en question; cette approche, inaugurée dans l'École de Prague (Skalička 1967) en est devenue actuellement la «devise» en typologie (Sgall 1995). Une sorte de mathématisation était également à la base d'une tentative pour présenter le concept de «type» comme un faisceau («Konstrukt», Skalička 1966) de traits morphologiques empruntés à la tradition (agglutination, flexion etc.), chaque langue en possédant plusieurs, voire les ayant tous, à un degré varié, et certaines propriétés non morphologiques se trouvant en relation régulière avec ces traits. Skalička établit des équivalences entre ces traits morphologiques et les propriétés non morphologiques et peut ainsi faire état de certaines «orientations» ou «tendances» dans les développements du caractère typologique d'une langue, qui dépendraient du «type linguistique». On envisage une conception encore nouvelle (HBR 1997: 14-18) de typologie non holistique, qui coordonne les moyens ou les mécanismes d'expression (morphologiques et autres), dressés sur une échelle, avec les fonctions non lexicales exprimables dans une langue donnée, établies sur une échelle parallèle, ce qui permettra des conclusions bien fondées aussi sur le plan comparatif et diachronique.

Il faut rappeler que la typologie comparative, c'est-à-dire l'étude des parentés typologiques, est du domaine de la comparaison linguistique non généalogique. La pénétration — ou peut-être l'«invasion» — de la typologie dans la linguistique comparative généalogique — bien qu'encouragée par Jakobson (1957) — qui s'est manifestée çà et là dernièrement et dont il sera question plus loin, risque de compromettre (Egerod 1980) les chances d'atteindre des résultats raisonnables dans la comparaison en général.

La recherche comparative

Généalogie

En abordant maintenant la comparaison des langues, l'un des domaines d'activité les plus importants de la science de la langue dans l'Europe, historique et aussi contemporaine, soulignons que dans la période qui nous occupe la recherche comparative a connu un progrès considérable en réussissant à clarifier un bon nombre de questions de principe, qui étaient restées nébuleuses avant. Ce sont surtout les chercheurs européens qui ont su éviter le piège de télescoper la juxtaposition comparative des endroits ou des ethnies à l'intérieur de la diachronie (p. ex. Kurzová 1993) par l'utilisation de l'expression fondamentalement faussée «linguistique historico-comparative», conception dont l'exclusivité amenait les autres savants à ne guère reconnaître comme but de la comparaison que la reconstruction généalogique. D'autre part, le fait que les vues diachroniques et les vues comparatives ont conflué, donna naissance, au début des années cinquante, à des théories de «glottométrie» ou de «glottochronologie» (détermination «lexicostatistique» de la distance chronologique des langues attestées par rapport au «nœud» stemmatique à partir du taux de disparition des entités lexicales «de base» et de leur renouvellement par des remplacements), théories qui, proposées pour la première fois par un linguiste européen au Mexique (Swadesh 1952) ont été violemment contestées en ce qui concerne leur validité et leur utilité (entre autres par Coseriu 1965), mais ont néanmoins trouvé quelques adeptes en Europe, parmi lesquels David Cohen (1961).

C'est aussi dans les seules Écoles européennes que, dans le cadre du scepticisme qui naissait à l'égard de toute activité comparatiste, on s'est demandé s'il existait des critères stricts capables de remplacer la manière intuitive de «constater» l'appartenance d'un idiome à une famille établie en fournissant une base scientifique pour établir solidement la parenté entre deux ou plusieurs langues ou groupes de langues. Il est bien connu que la réponse donnée à cette question était fâcheusement négative. Des essais visant à proposer un faisceau de critères de ce genre ont été catégoriquement condamnés par Benveniste dans ses conférences de 1953; il justifie ce rejet en montrant que les critères antérieurement considérés comme caractérisant l'appartenance indo-européenne d'un idiome (Trubetzkoy 1939b) se retrouvent dans une langue amérindienne, le takelma. Des réflexions analogues ont été présentées plus tard pour le sémitique (Ullendorff 1958). Mais tous les problèmes importants n'ont pas encore trouvé une solution ni même été soulevés, comme la question de savoir comment le principe ainsi formulé de la «Ausnahmslosigkeit», si fondamental en phonologie pourrait être étendu à la morphologie. Comment identifier dans des langues différentes, de structure phonologique différente, deux morphèmes qui correspondraient l'un à l'autre de la même manière que deux phonèmes? Et encore: ne devrait-on pas exiger que le principe structural fondamental d'une confrontation «ceteris paribus» soit aussi respecté dans la comparaison, à savoir que l'on ne fasse pas correspondre un élément «-ème» à un élément «allo-», car en faisant cela, on risquerait de perdre la possibilité de distinguer les traits de parenté des développements diachroniques propres à chacune des langues comparées?

Le comparatisme européen est donc à envisager de deux points de vue: 1°. l'établissement des rapports de parenté entre des langues appartenant à un groupement («famille») connu, 2°. la découverte de parentés entre des langues dont l'appartenance à des familles communes connues n'a pas été établie auparavant.

La comparaison non historique de langues en contact, mise en route aux États-Unis (Weinreich 1953), entraîne de nos jours l'essor d'une «linguistique de contact» et une floraison d'études «contrastives» surtout dans le monde européen en raison de son importance culturelle, démographique et politique et des mouvements de populations et rencontres ethniques avec le besoin d'acculturation qui en résulte.

L'accent que nous mettons ici sur les études indo-européennes ne fausse pas l'image de la discipline, surtout quand il s'agit du domaine européen, et s'explique par le fait qu'il est très difficile d'indiquer des travaux analogues pour les études linguistiques non indo-européennes, comme ceux de Ullendorff 1955 et de F.R. Palmer 1958 pour le sémitique et, pour les groupements dont la reconnaissance comme «familles» cohérentes est encore à l'examen, notamment ceux d'Haudricourt 1963, 1982 et Hagège 1986 (idiomes de l'Océan Pacifique), de Collinder 1960, 1965 («ouralien»), et de Marcel Cohen 1947 («chamito-sémitique», jugé inacceptable par Polotsky 1964); les recherches consacrées à ce domaine n'ont pas toujours adapté entièrement toutes les méthodes et toute la rigueur de la discipline indo-européenne. Cette mise en vedette des études indo-européennes reflète d'autant plus fidèlement la situation à l'intérieur de la communauté savante européenne, que l'«hégémonie» de la science indo-européanisante se manifeste aussi par le fait que des travaux extrêmement importants dans les domaines non indo-européens, parmi eux certains qui ouvrent même de nouvelles voies et dont il faudra tenir compte, viennent d'indo-européanisants qui ont su mettre leur formation méthodologique au service de domaines voisins; ainsi pour le kartvélien (reconstruction et typologie: K.H. Schmidt 1962, 1989), pour le finno-ougrien (rapports entre morphosyntaxe verbale et interprétation syntaxique: Perrot 1984b, 1994b,

1997), pour le sémitique (accentuation, apophonie, morphophonologie comparées: Kuryłowicz 1949a, 1961, 1972; comparaison et catégories morphologiques et syntaxiques: HBR 1984a, 1994a:405-473). Pour ce qui est de la linguistique comparative (au sens plus étroit) des familles mentionnées, la plupart des questions qui les concernent, comme l'appartenance du hittite à l'indo-européen ou la parenté des idiomes «tokhariens» (Pedersen 1938, 1941, continué par van Windekens 1976), celle de l'ougaritique au sein du cananéen (Gordon 1940) ainsi que les problèmes relatifs à la position généalogique des différentes langues à l'intérieur de leurs familles respectives avaient été réglés avant la période dont nous rendons compte.

Comparaison intrafamiliale et reconstruction

La comparaison intrafamiliale ayant eu pour objectif principal la reconstruction d'une proto-langue, les années soixante-dix ont été marquées par une prise en conscience plus profonde des limites de cette procédure et par la place particulière accordée à la reconstruction dite interne, considérée comme seule capable d'apporter des résultats quasi démontrables en produisant des formes vraisemblables. L'introduction de cette méthode (caractérisée comme un outil «supplémentaire pour la méthode comparative») doit être considérée comme une conquête de la linguistique européenne, parce que sa première mise en œuvre était due à Hoenigswald (1944, 1960), que suivirent surtout des savants européens et d'orientation européenne tels que Hamp (1967, 1968), qui reconnaissaient que les résultats d'un calcul diachronique comme celui qui est appliqué dans la technique de reconstruction interne, ont beaucoup en commun avec certains processus qui conduisent à partir des formes d'expression sous-jacentes (comme des phonèmes) aux matérialisations ou, si l'on veut, aux faits de surface. L'adoption de cette technique a eu pour conséquence naturelle une certaine métamorphose de notre vision de ce qui relève du diachronique en face de ce qui est un conditionnement synchronique, ce qui amène toujours Hoenigswald (1972) à parler des «pseudo-chronologies». C'est encore ce même point de vue qui conduit à concevoir une révision de l'interprétation de la distinction saussurienne entre les lois synchroniques et diachroniques (HBR 1986a = 1994a:17-29).

D'où une mise en garde qui s'impose contre des conjectures prématurées qui posent certaines séquences comme des reconstructions diachroniques signalées par des astérisques, alors qu'il s'agirait seulement de «successivités» de nature différente (voir les distinctions dans les successivités soulignées ci-dessus et cf. HBR 1970a = 1982:56-72). En outre, si les générativistes tendent à considérer la reconstruction interne comme la formulation d'une série diachronique de «règles» (Lass 1975), par ailleurs on a cru (Seebold 1976/77) pouvoir reconstruire une proto-langue par la reconstruction interne; ne devrait-on pas rappeler que la nature illusoire d'une telle démarche avait déjà été mise en évidence par l'exemple frappant des langues romanes et du latin? La position prise à cet égard par Ramat (1977:29) se présente comme un prudent compromis:

> «La (ri)costruzione di un modello astratto non è in contrasto e non esclude la possibilità di recuperare qualcose di più concretamente reale.»

Une variété de «reconstructionisme», qui n'est pas toujours exempte d'une certaine spéculation, mais qui a produit des fruits précieux dans la découverte des phonèmes perdus en indo-européen (laryngales) ainsi que — dans la période dont nous rendons compte — en sémitique (pharyngalisées, HBR 1978b = 1984a:339-348), s'est renforcée au début des années cinquante et s'étend même, grâce à son approfondissement, aux faits suprasegmentaux; les ouvrages les plus notables qu'elle a produits sont les grands traités de Kuryłowicz sur l'accentuation et l'apophonie indo-européennes (1956, 1958), qui forment une «alliance de la démarche comparative avec la préoccupation structurale» (Benveniste 1957/58), ainsi que sur l'apophonie en sémitique (Kuryłowicz 1957/58, 1961), ouvrages dans lesquels les phénomènes, naturellement pas les formes, de l'indo-européen et du sémitique, sont mis en parallèle, les conditions d'accentuation servant (comme dans les premières étapes des études indo-européennes) de base à une interprétation de l'apophonie et de son origine par un élargissement des processus d'analogie dont le même savant a établi une théorie (1949b). Du point de vue de la méthodologie, la recherche indo-européanisante a encore une fois fait fonction de modèle pour les études des langues extra-indoeuropéennes. D'ailleurs, l'esprit «reconstructioniste» se fait moins sentir parmi les sémitisants (p. ex. Moscati 1969) que parmi les indo-européanisants, peut-être parce que les premiers ne se sont pas encore totalement libérés d'un certain «-centrisme» (arabocentrisme ou plus tard akkadocentrisme) qui se donne l'air de faire apparaître comme superflue la reconstruction d'une proto-langue différente des «centres».

Le modèle de l'arbre généalogique, essentiellement lié à la reconstruction des langues parentes, a dû naturellement subir quelques modifications de principe: mentionnons surtout l'introduction de l'idée que tous les nœuds et toutes les ramifications ne se sont pas déroulés quasi simultanément ou au même lieu, présentant ainsi un modèle généalogique à l'aide des hypothèses de «lieu et temps» (Meid 1975), auxquelles allusion avait été faite par des sémitisants (Bauer-Leander 1922:15-18), modèle qui se développe et se répand dans la recherche des indo-européanisants. Il reste à voir si ce modèle suffira à éliminer les derniers doutes qui subsistent vu les différences typologiques entre des langues qui «dépendent» d'un même «nœud».

A l'époque où la théorie laryngale prit son essor, il devint évident que les indo-européanisants extra-européens tendaient à une multiplication des phonèmes laryngaux reconstruits, tandis que de ce côté-ci de l'Atlantique

on s'orientait à diverses époques (Szemerényi 1973) d'un côté vers une
réduction progressive des trois ou quatre posés au début (notamment
Martinet 1953) à un seul (Hammerich 1948, Burrow 1949, 1955:88, Szemérenyi 1967:90-93, et avec quelques hésitations Mayrhofer 1981:18-24,
1986:121-123), cela conformément à la conception générale du phonème
(Beekes 1989, cf. Crossland 1958 et Zgusta 1965) et de la structure phonémique d'une langue dans le structuralisme européen, tandis que la conception américaine s'écarte graduellement de l'établissement d'un phonème
par des moyens fondés sur les oppositions distinctives; d'autre part l'introduction de facteurs modificateurs («appendices») permet de tenir compte
des différences phoniques en évitant une prolifération du nombre des
phonèmes reconstruits (Adrados 1973).

Comparaison interfamiliale

L'heureux scepticisme concernant la possibilité d'une reconstruction réa-
liste se renforce quand il est question de la comparaison interfamiliale,
c'est-à-dire entre les groupements linguistiques connus, auxquels on vou-
drait trouver un ancêtre commun.

La comparaison entre les langues indo-européennes classiques et leurs
homologues sémitiques a depuis toujours eu un pouvoir d'attraction particulier grâce à la rencontre de ces idiomes dans la philologia sacra et au
sentiment d'une intervention divine multilingue, qui aurait été à la source
des textes «inspirés». Quelques chercheurs européens du 20ème siècle
(ainsi Cuny 1946) se sont efforcés de donner à cette comparaison une base
linguistique selon une méthodologie qui a toujours été mise en cause, car il
n'a pas été possible de proposer un réseau minimum de correspondances
quasi régulières à la manière de l'École néo-grammairienne. De ce point de
vue il n'est pas étonnant qu'en Italie, patrie de la néo-linguistique, qui se
passait des correspondances régulières, la résistance à la comparaison interfamiliale ait été moins sensible et que les tentatives anciennes aient suscité
des prises de position critiques et prudentes (Heilmann 1949), mais qui
n'impliquaient pas de rejet. Nous ne pouvons même pas nous libérer entièrement d'un vague sentiment que les similitudes qu'on sent entre la théorie
benvenistienne de la racine (1935:147-173) et les spéculations étymologi-
santes bilitéralisantes de maints grammairiens hébreux médiévaux, que
continuent les hypothèses de «Wurzelerweiterungen» — à distinguer soi-
gneusement des analyses morphologiques qui admettent des racines sémitiques non «élargies» à deux radicaux — émanent d'une volonté d'étayer
des intentions comparatistes. Rien donc que de naturel dans un certain
mécontentement qui s'est fait sentir dernièrement (Taillardat 1984:175,
181-182) à l'encontre de cette théorie dans le même temps où on prenait ses
distances envers toutes les tentatives de comparaison entre sémitique et
indo-européen menées à partir d'une décomposition des racines établies en
segments dépourvus de valeur sémantique.

Pour ce qui est de la comparaison des idiomes sémitiques avec les langues géographiquement voisines, la proposition d'une famille «chamito-sémitique», en vertu d'un comparatisme «expansif» lancé par Marcel Cohen (1947) et amplifié encore dans la dernière décennie par un groupe porté à une espèce de multi-comparatisme méditerranéen et représenté par Orel (Orel-Stolbova 1991), a connu un développement considérable grâce aux travaux extra-européens réalisés selon le modèle «typologique» de Greenberg, qui, séduit par quelques affinités typologiques, dénomme le groupe ainsi élargi, dont il suppose l'existence, «afro-asiatique», mais a aussi — en conséquence d'études descriptives approfondies de langues vivantes — suscité une opposition croissante, particulièrement hors de la France et de l'Italie. Les savants qui refusent de donner leur accord à l'hypothèse d'une famille qui embrasserait, outre les langues sémitiques au sens étroit, le berbère, les anciens idiomes égyptiens, l'agaw et un certain nombre de dialectes couchitiques et autres de l'espace éthiopien et est-africain (voir Homburger 1939), sont enclins à expliquer les similitudes qui s'observent dans la région en question (et qui sont quantitativement très au-dessous des cohésions et des concordances lexicales étroites entre les langues sémitiques elles-mêmes) par une assimilation typologique relevant de la «linguistique aréale» au bénéfice de phénomènes de convergence (comme en connaissent d'autres régions), sous la pression du contact avec des langues sémitiques, porteuses des religions et culturellement et politiquement supérieures. Tout au plus est admise l'existence d'un «phylon», concept généalogique superposé à celui de «famille» (Polotsky 1964 = 1971:321-322, 335), un phylon comprenant la famille sémitique et nombre d'autre langues, non cohérentes entre elles.

Le désir d'étendre plus largement les possibilités d'une comparaison généalogique a donné naissance à la conception d'une vaste «famille» nouvelle, dont la définition remonte au paragraphe quelque peu tautologique qu'on lit à la fin de l'ouvrage de Pedersen 1924. Il convient de citer la majorité de ce paragraphe pour montrer ce que le grand maître de la linguistique comparative danoise a vraiment voulu dire, plutôt que la seule première phrase à laquelle on se réfère d'habitude en faussant, semble-t-il, sa portée véritable:

> «As a comprehensive designation for the families of languages which are related to Indo-European, we may employ the expression *Nostratian Languages* (from Latin *nostras* 'our countryman'). The boundaries for the Nostratian world of languages cannot yet be determined, but the area is enormous, and includes such widely divergent races that one becomes almost dizzy at the thought. ... If, however, one considers the racial opposites and the widely varying stages of culture which are occasionally included within one and the same linguistic family ..., or the enormous distribution which a single language has at times attained in the historical period (Latin, Arabic, English, Russian), one's principal misgivings on the score of this far-reaching inclusion will fade away. The question remains simply whether sufficient material can be collected to give this inclusion flesh and blood and a good clear outline. ...».

Il est intéressant, du point de vue du climat intellectuel et peut-être idéologique qui joue dans l'histoire des sciences, particulièrement sous les régimes totalitaires — la linguistique sémitique en Italie pendant l'occupation de l'Éthiopie! — que le berceau du nostratisme ait d'abord été situé en Union Soviétique (Dolgopol'skij 1964), où l'on voulait apparemment découvrir une connexion historique en plus des liens socio-économiques et culturels entre toutes les langues de l'Union. À partir des travaux de Collinder proposant la parenté entre ouralien et indo-européen (Collinder 1934, 1948, 1974) et de Dolgopol'skij, qui plus tard (1984, 1989) a inclus le sémitique proprement dit et des idiomes couchitiques en tant que famille «génétiquement apparentée» à l'indo-européen dans la sphère de son comparatisme, il s'est formé un «nostratisme», dont la

> «relation … to serious linguistics … is the same as that of astrology to astronomy» (Doerfer 1995:266).

C'est surtout l'application de cette approche à toutes ces langues qui a suscité des réactions fort critiques dans le reste de l'Europe, où on voulait en définitive remplacer le rapprochement intuitif des langues par un principe de parenté fondée sur des critères formels. Les propositions en faveur de la comparaison entre indo-européen et finno-ougrien ou ouralien, ont été qualifiées péjorativement d'«omnicomparatistes» par l'un des chercheurs importants des familles en cause, Doerfer, qui étudiait principalement ces langues, et qui réussit à formuler des critères établis sur la base de calculs statistiques empruntés au calcul des probabilités (Doerfer 1973), ce qui devait exclure la possibilité de fonder une hypothèse de parenté généalogique sur des «assonances» fortuites et l'utilisation de mots d'emprunt; Doerfer réagit négativement à une publication de Collinder (1948), champion de la comparaison entre les familles mentionnées (cf. en dernier lieu Collinder 1974), qui maintenait que les similitudes observées ne pourraient être de simples coïncidences; d'autre part il créa lui-même un instrument de travail extrêmement important pour n'importe quel domaine de recherche, ce qui d'ailleurs n'a jamais réussi à changer les pratiques des adhérents de l'omnicomparatisme, et jusqu'à nos jours

> «Nostratism has developed, but not improved.» (Doerfer 1995:252).

Si l'on veut considérer les langues reconstruites comme des réalités, on est amené à les comparer avec des langues réelles, dont les traits sont directement observables; on a cru pouvoir ainsi émettre un jugement sur ce qui serait «légitime» ou au moins «probable» dans une langue et adapter le «reconstruit» à ces probabilités. Ce n'est ni la place ni le moment d'ouvrir une discussion sur les diverses positions prises à cet égard quant aux principes et aux faits, mais il convient d'indiquer que la légitimation d'une synthèse des points de vue typologique et comparatiste n'est pas neuve (à partir de Jakobson 1957, v. ci-dessus). L'invasion par la typologie de la comparaison et de la reconstruction dans les deux dernières décennies a eu des répercussions et a fait des victimes. Ce n'est pas sans un clin d'œil à la comparaison interfamiliale et à la possible découverte de nouveaux rapports pour l'indo-européen au-delà de ceux qui étaient déjà connus ou supposés, que Gamkrelidze a proposé une théorie, prétendument d'un bon «pouvoir explicatif», qui pose un système phonique proto-indo-européen quasi conforme à celui qu'on peut reconstruire à partir d'un certain nombre de langues kartvèles, étant donné qu'on reconnaît dans ces dernières les possibilités «légitimes» d'un système phonologique. On voit mal si ce modèle est destiné à remplacer ou à compléter celui qu'il avait préféré antérieurement (1960). Les nombreuses présentations et argumentations (p. ex. 1981), réunies dans Gamkrelidze–Ivanov (1984:I.81-97), tendent à démontrer que quelques-unes des «lois» phonétiques établies pour les langues indo-européennes anciennes deviendront plus plausibles si sa reconstruction proposée est acceptée, — en fait les rejets ne sont guère moins nombreux (mais cf. Prosdocimi 1977). C'est à propos des procédures de ce genre, qui fondent sur les considérations typologiques une évaluation des reconstructions, procédures déjà mises en cause partiellement par Szemerényi (1967), que Meid (1984:324) a rendu un jugement sévère:

> «Solche Erkenntnisse [der Übereinstimmungen und Verschiedenheiten der allgemeinen Sprachstruktur] können der genealogischen Rekonstruktion als Orientierungshilfe dienen. Keineswegs aber als Kriterium, das die Richtigkeit einer Rekonstruktion zu erweisen imstande ist. ... Daß beispielsweise eine indogermanische Rekonstruktion (etwa des Systems der Verschlußlaute) an dem Typ einer anderen Familie gemessen und dann für falsch befunden wird (Gamkrelidze), ist methodisch ein Unfug.»

Gamkrelidze lui-même ne s'abstient aucunement d'expliquer l'isomorphisme du système indo-européen reconstruit et du système phonémique à corrélations glottalisées qui caractérise sa patrie kartvèle, sinon par une hypothèse trop hardie de parenté généalogique, au moins par une affinité aréale, si l'on accepte son hypothèse, corroborée par des découvertes archéologiques, qui situe le Urheimat des Indo-Européens dans les régions caucasiennes limitrophes; cela dit, les anciens Sémites auraient dû aussi être pris dans cet ensemble, si le système «proto-» est censé avoir eu une organisation de ce type. Cela ouvre déjà, bien entendu, de nouveaux horizons dans l'Outre-Atlantique parmi les partisans de la comparaison associant indo-européen et sémitique dans un nostratique et spécialement les tenants de théories tout à fait spéculatives, sur lesquelles il n'y a pas lieu de s'étendre ici.

Les vues des glottalistes, nostraticiens ou non, qui soutiennent cette doctrine se fondent sur une conception évidemment exagérée de la possibilité, voire de la nécessité de saisir la réalité matérielle des éléments reconstruits. Nous pensons à la notion des «Lautverschiebungen», en première ligne celles qui seraient intervenues dans la formation des langues germaniques. S'agit-il vraiment d'un «déplacement» à l'intérieur d'un système de phonèmes consonantiques, ou ne s'agit-il pas plutôt des réalisations différentes dans les diverses

langues des corrélations entre ces phonèmes qui se distinguent par des caractéristiques plus adaptées à une description de la grande majorité des langues
indo-europénnes anciennes et à une partie de leurs formes nouvelles, à savoir
«fortis – lenis – lenissima»? (HBR 1984b = 1994a:87-102, aux pp. 88-89). La
vraisemblance d'une telle hypothèse, qui souligne la nature abstraite des phonèmes reconstruits, a été dernièrement sérieusement prise en considération
(Swiggers 1989) et il convient d'en attendre le développement ultérieur.

Parmi les travaux d'après-guerre consacrés à la reconstruction proprement dite, on relève quelques essais qui visent à la découverte — par des
moyens proprement scientifiques — des débuts d'un groupe humain considéré comme une «race» et de son habitat primitif, ce qui peut se comprendre comme une réaction aux orientations imposées pendant la période
du national-socialisme. On met en lumière (Kretschmer 1951) le fait que les
tribus germaniques ne constituent pas une espèce de quasi «proto-Aryens»
ou d'authentiques Aryens d'origine, et le «vrai sens» du nom d'«Aryen» a
préoccupé (Specht 1944/47a) et préoccupe encore (Bader 1997) les chercheurs; on caractérise (Specht 1944/47b) les Indo-Européens primitifs, sur
la base des rapports étymologiques entre les noms du chêne et de la force et
de la vitalité, comme un peuple agricole. Pour ce qui est de la question de
l'habitat primitif ainsi que de la nature et du site de sa «proto-culture» (Gamkrelidze–Ivanov 1984, vol. II, cf. ci-dessus), la recherche a été conduite dans
deux directions, l'une sur la base de raisonnements étymologiques (Meid
1987) et botaniques-zoologiques (Poucha 1944) à partir des discussions sur
les habitats du hêtre et du saumon (Thieme 1951, Krogmann 1955, 1960)
— la «Wortarchäologie» —, l'autre à partir des trouvailles archéologiques; ce dernier courant fleurit particulièrement hors d'Europe (cf. Szemerényi 1972:173-175) et ne nous concerne pas directement.

La grande masse des étymologies assurées donne lieu à des comparaisons lexicales, qui portent sur les contenus sémantiques tels qu'on peut les
organiser selon les champs délimités dans la réalité extra-linguistique. Cette
recherche, prospère au début hors d'Europe, ensuite élargie au sémitique
(études éditées par Fronzaroli), est d'une extrême importance en ce qu'elle
inspire l'étude des valeurs culturelles, spirituelles et matérielles, ce que
beaucoup d'entre nous considèrent — à juste titre — comme le but ultime
et suprême d'une linguistique humaniste. On a vu se multiplier abondamment les études de vocabulaire à portée comparative, que ce soit pour
fonder des rapports formels ou pour reconstruire des liens sémantiques.
Les champs sémantiques préférés sont la société, la religion et, cela va
sans dire, les rapports de parenté (Thieme 1963); tout cela conduit à un
ensemble grandiose pour proposer de la culture reconstruite un tableau d'un
modèle jamais connu auparavant, celui qu'a peint Benveniste dans le *Vocabulaire des institutions*. La linguistique, en se développant, grâce à la pensée
et aux conceptions structurales, comme une science de l'intellect, des notions
et des cultures des sociétés humaines, est devenue, à travers la comparaison
et l'étymologie, une ancilla generis humani historiae.

HALF A CENTURY OF EUROPEAN LINGUISTICS
(Summary)

"European science of language" — conceived of, rather than geographically, by intellectual attitudes or lines of thought born out of intellectual climates — is constituted by a set of ideas and thoughts about language, languages and their phenomena. For a survey to be historical, the interdependence and mutual fertilization of these ideas and thoughts must be pointed out as well as, with all due caution, certain influences that might have existed between European language science and extra-European linguistic techniques. Superficial similarities between the two, such as the "stemmatic" graphic presentation of both the Tesnierian and the generative model, must not be taken as an indication of the dependence of extra-European linguistics on European linguistics. Every step of the stemmatic progression presented by Tesnière reflects reality and is empirically verifiable; the relation between the verbal and the primary nominal element in the Tesnierian stemma is one of dependence, so that these two are not dependent on one assumed "node" and do not occupy a position on the same level; this creates a rather realistic image of the connectional structure of a sentence.

We have emphasized the contribution of those masters and scholars who took a position on fundamental questions and actively made valuable contributions towards the progress, fertilization and deepening of our discipline. We do not include here the boundary disciplines ("hyphen-linguistics", Jakobson), more marginal in Europe, nor the applications of language science. In most respects, "linguistics" has remained the scientific study of what is observed in languages serving for communication between humans; thus, a tendency was felt around 1970 to act against the drift of "Textlinguistik" into pragmatics. At that time, a term "Pragmalinguistik" was coined to circumscribe the properly linguistic part of the study of language use, the study thus named taking as its point of departure Austin's and Searle's "speech act" doctrine, whose basic view is that the formation of a speech act presupposes the existence and coordinability of a grammatical syntactic structure ("sentence").

There is no "European School" of linguistics; a variety of Schools exists and expands in the European scholarly space, and an autonomy of thought of mutually reconcilable Schools ensures that lines of thought and methods are not forced one upon the other. This pluralism eliminates dangerous inbreeding and tendencies to call forth a hegemonial position of one or the other school; a "general tendency" or "mainstream" seems never to have existed in Europe. The great achievements of European language science are an outcome of the interaction of ideas and tendencies during the last half-century; its cradle is Classical European structuralism independent of external influences, and it had frequently to defend itself against pejorative and derogatory attacks from across the Atlantic, customarily with restraint, e.g.:

> "It is … well to stress that linguistics is a very difficult discipline. … Its methods and objectives are extremely heterogeneous; there is no single framework into which every investigation neatly falls. … Have we such a thing as 'THE theory' or 'THE methodology'?" (Matthews, 1972)

Leo Weisgerber's 1973 pamphlet *Zweimal Sprache* reacted to a series of radio broadcasts and emphasized the difference between *Linguistik* and *Sprachwissenschaft* in favour of the latter, which in Weisgerber's mind reflects the humanist nature of language research. LANGUAGE-SPECIfic RESEARCH plays proportionally a much larger role in European language science than theoretical discussion: it is interested in the realities of the languages studied and does not habitually indulge in using linguistic data just as material for illustrating some methodological point or question.

The very essence of our discipline in Europe as a *science humaine* is ensured by the fact that

> "Linguistic theory is led by an inner necessity to recognize man and human society behind language, …its prescribed goal: *humanitas et universitas*." (Hjelmslev 1943 [1961])

Due to empiricism and deductivism, most important and influential results were obtained in the period reported, all of them interdependent and dictated by adherence to the intellectual legacy of functionally shaded structuralism.

Tesnière's *Éléments* (conceived in the early fifties), an "Humboldtian credo", gave birth to full-fledged valency-based dependential grammar, a forceful and efficient tool responding to generative-transformational grammar. The *transpositions* (foreshadowed by Bally), an integral part of Tesnière's model, are not identical with the transformations of generativist theory.

Earlier, attention had been called by Martinet to the paramount importance of Danish thought (the *Omkring sprogteoriens grundlæggelse* and others), whereby the extension of the techniques and methods of structural analysis from phonology to the other levels of analysis, as advocated by the glossematicians (whose doctrine "played an important role in the development of functional linguistics") could be stabilized. At the same time, Martinet's lecture on *Phonology as functional phonetics*, while coolly received in some quarters, heralded the "end of a period of theoretical discussions" and quasi-institutionalized Praguian phonology within European language science; later, his introduction of the notion and term "moneme" in the glossematic spirit could be made applicable, due to an hierarchical extension which presented an ascending scale up to the significative structures on the sentence level, for the creation of one and the same analytical procedure at all levels of expression, as conceptually evident from the term "gloss"ematics itself, which employed the -ημα-suffix generalizingly beyond the limits of any one level. That solidarity of all concepts and entities of "form" is the distinctive feature of European structuralism, which sets it apart from other approaches which, illogically, assign separate and different techniques of presentation to the individual layers of language "substance". Its "corpus" concept implies that

> "L'objet d'une description immanente est ... la langue considérée comme un texte sans fin." (Togeby 1951)

Another event of extreme importance was the gradually progressing creation, by Benveniste, of a global system of categorial analyses for well-researched languages, which served as a working model for later Schools, based, as is the Jerusalem School, on the principle emphasized by Perrot (1984) that

> "Quand deux formations vivantes fonctionnent en concurrence, elles ne sauraient avoir la même valeur; ... il incombe aux linguistes de retrouver ces valeurs."

The extension of techniques and methods of structural analysis from phonology to other levels underlined the importance of substitution or exchange of elements inside classes and was stabilized in German-speaking countries by Glinz's development of a "content-related grammar" with ties to philosophical concepts and with new results in the area of the parts-of-speech theory and its disjunction from syntax proper. The Netherlands added their share (Dik 1978) in developing a synthesis of these trends by proposing a "functional" grammar, dissociating themselves, however, from some basic notions of classical structuralism.

The distinction between SYNCHRONY and DIACHRONY, institutionalized for structural analysis by Jakobson in the domain of phonology and explicitated in Martinet's *Économie des changements phonétiques*, became all-pervading on all levels, to the point of calling forth caveats against abrupt severance of the two "views" and of advocating the recognition of certain overlappings and interactions between them. This process of viewing "diachrony (or rather 'successivity') in synchrony" has not reached its full implementation even today, despite the efforts of the Scandinavian School and Coseriu's profound presentation of the problematics in 1958. The phenomenon of the presence of the diachronic within the synchronic has become somewhat linked to the study of the social (not "sociolinguistic"!) angle of language, since the "creative" (*energeia*) aspect of the use of language is here attributed to society rather than to the individual, whereby the "creation" materializes itself in systemic changes and modification of "norms", which leads us via the creation of a concept of "panchronicity" (Haudricourt, Hagège) to "socio-operativity" in giving birth to new forms or novel structural possibilities. Importance must be attached to the study of the culture and civilization of a given society by way of a structural-categorial analysis of its language system (Benveniste and disciples), an effort which has taken firm roots in European sholarship and is rapidly progressing as an ultimate goal of language science. In the European way of thought, "historical" does not equal "diachronic", but underlines the necessity to acquire knowledge (in the authentic interpretation of ἱστορία rather than as the modern one of *Geschichte*) by way of perusing testimonies, that is, for our purposes, by laying the philological groundwork. This has increased the reliability of the results of linguistic inquiry into the "great languages" of literature which still form the traditional basis of European education, and has by far mitigated the time-"honoured" collision and animosity between "Philologie und Sprachwissenschaft".

There have been several attempts at creating approaches which to some degree integrate one or the other basic concept of transatlantic linguistics into European scholarship. The "NATURALIST" THEORY, outlined in a 1974 meeting in Chicago and transported to Europe by one of its participants, Wolfgang Dressler, concentrates, in application beyond the phonological area, on synchronic and diachronic processes which are found in the majority of languages, whereby distance is taken from the full concept of universals, and applies a generativist notion of "markedness", in order to define the unmarked term of any opposition as "natural". It seems in fact able to predict, with probability, diachronic processes within the language community as well as with individuals in the process of language acquisition. Functional Grammar was established declaredly as a reaction to generativist approaches and proclaims the very notion of transformations as inapplicable and harmful. It distances itself from most trends of contemporary European linguistics by taking meaning — not unlike the approach of Guillaume — as the point of departure of the analysis to the point of viewing the "word" as a semantic entity and examining the grammaticality of sentences on the basis of the semantic structures; it embraced, however, the important Praguian notion of the triple functionality, of which the grammatical relation between the sentence components is only one. A certain tendency towards formal and mathematicized representation of the structural relations has rendered this Amsterdam School particularly apt to develop computerized analyses of utterances with an aspiration for mechanical translation.

TEXT GRAMMAR, which was consequently privileged by the Dutch scholars without however drawing clear lines setting it off from pragmatics, found a distinctly formal expression in a now widely renowned Benvenistian doctrine, according to which a number of grammatical categories, first and foremost that of verbal tenses, have to be viewed as materializations of the communicative "attitude" of the speaker (or writer) at any given point, that is, whether it is one of "reporting" or one of "reflecting or discussing"; it was established, first for the French verbal tense system, that languages may have two separate and disjunctive tense systems, each of which is used in its specific textual "discursive" or, respectively, "narrating" text segment and the terms of which characterize the segment according to its nature. That doctrine, first strengthened in Romance linguistics, then taken over into the study of German literary texts, is today widely used in typically European studies of literary language and texts, to the point that it would appear impossible to discuss the compositional features and the art of literary writing of an author in any of the greater languages without having recourse to this doctrine or the two "frameworks of communication".

The diffusion of IDEAS OF A STRUCTURALIST-FUNCTIONALIST NATURE was gradual and did not take place everywhere with equal speed. During that process some Schools underwent changes; thus the Prague School somewhat modified its basic outlook in creating the fundamental theory of the three syntactic functions, foreshadowed in 1929 by Mathesius' "functional sentence perspective". Also, reactions were called forth by the structuralist "ideology" (as is the fate of every "ideology"), such as the ideas of Gustave Guillaume, which abstain from empirically observable data as a point of departure and are founded on non-formal, often introspectively introduced "psychosystematic" categorial concepts, which depart from Saussurian notions, even where analogous terminology is employed. These characteristics of Guillaumism, coupled with the difficulty of penetrating into his picturesque presentation, were probably the cause for this "doctrine" having found less followers than other European ways of thought.

The SEARCH FOR FUNCTIONS and their ultimate discovery is the spectacular and most fertile achievement of European language science. Its success may be ascribed to the reception of principles for the "determination of the function of grammatical categories" like the one that

> "Den Ausgangspunkt der Analyse hat der Gebrauch der Formen in der betreffenden Sprache zu dem zu untersuchenden Zeitpunkt zu bilden". (Koschmieder 1945),

which nowadays has, of course, become a banality. Conceptual distinctions pertaining to cultures and civilizations could be brought to light by dissociating apparent variants or doublets of form by means of the question "What element of the content level calls forth the selection of form A against B, or is understood by the reception of A rather than of B in the message?" Thus an "equative" was distinguished from an expression of "increased quality" within many Old Indo-European "comparative" constructions; double tense systems could be set apart by either belonging to two different frameworks of communication or to the thematic rather than to the rhematic segment of a sentence; possessive forms or constructions previously considered as synonymous were discovered to characterize an inherent or inalienable appurtenance in one case or, respectively, to be unmarked for that characteristic;

languages or language stages devoid of articles or other determinatives were discovered to be capable of expressing "determination" by alternating constructions of adnominal adjuncts. A great part of these discoveries are the merit of the French School and the Jerusalem one, the latter inspired by the former. One of the significant achievements was the full development of the theory of the functionality (suggested by Weil, 1844) of the order of sentence constituents on the enunciative level in languages with alleged "free word order", which diminished the typological gain by the *SOV* vs. *SVO* distinction.

Structuralism penetrated semantics at a slower pace. A notion of STRUC-TURAL SEMANTICS did not emerge until the early seventies, but almost simultaneously in France (Greimas) and in German Romanistics (Coseriu). It is based upon the recognition that the content level is not less structured than the expression level in the sense of the Hjelmslevian conception that semantic units form paradigms integrated in semantic "fields". Correspondingly to its origin in the study of Romance languages, it found its most explicit formal presentation in France, and in Spanish linguistics flourishing there: Pottier — while being himself a student of Guillaume's — characterized the nature of structural semantics despite its occupation with non-ascertainable objects (the "semantic components"), by saying (1974) that

> "Le linguiste part de l'observable pour construire une hypothèse sur le non observable directement."

In what can be considered as a forerunner of structural semantics, Lyons in his pre-generativist epoch (1963) brilliantly applies Trier's analysis of the "field" of "comprehension" in German to Plato and shows by delimitating ἐπιστήμη, σοφία, τέχνη, that the similarity of "delineation" of concepts between different languages indicates an affinity of their "Weltbilder".

The outlook here referred to, coupled with the European strife for a science aimed at Man and human society, constitutes the rich soil for the emergence of a LINGUISTIC RESEARCH OF CULTURES AND CIVILIZATIONS, which in Benveniste's spirit would permit linguistics "de rejoindre des autres sciences de l'homme et de la culture". While structuralism of the European timbre is undoubtedly the chief tool for a linguist to work with in that direction, Benveniste directed some critique against what he considered as over-emphasized formalisms of Tesnière, Hjelmslev and Chomsky; his inspiration came from anthropological-social structuralism à la Lévi-Strauss — a process of intellectual reversion, after the latter had declared himself inspired by lectures of Giuliano Bonfante. These lines of inquiry had fore-runners in the linguistic studies of Amerindian languages conducted in the framework of American anthropology, but their European conterparts emphasized the great languages of European culture, mainly ancient, but also contemporary. The tendency described had a considerable effect on the ability to discover categorial structures of societies and civilizations, efforts being directed at lost cultures by reconstruction, primarily in the areas

of social structures, religion (Benveniste), mythology and poetry, and under-
lining the importance of laying a philological, therefore reliable and verifiable
groundwork of linguistic research: a symbiosis of disciplines characteristic
of European scholarship and conducive (as carried out, amongst other centres of learning, in Israel) to a better and deeper understanding of surviving
works of the great languages of civilization. A more complete image of the
Indo-European "language of poets" was developed, using the community of
poetic formulas such as κλέος ἄφθιτον = Old Indic çrawa[s] akṣitam as an
indication of a common tradition or origin of a number of epic poetries; this
opened the way towards the study of a common mythology and certain early
religions, which was often meant to contribute to an occasionally risky
sketch of a culture that could be ascribed to a realistic language community,
a "proto-culture" of a "proto"-people. This reconstructionalist approach
appeared, however, to be absent from the most significant work in that
domain, which covered reconstructible social concepts in a wide range, Benveniste's two-volume *Vocabulaire des institutions indo-européennes* (1969),
whose like was not ever achieved by anyone thereafter.

In the domain of language-specific systemic research two areas must be
distinguished: OVERALL PRESENTATION of a language and PARTIAL PRESEN-
TATION OF ONE LEVEL OF ANALYSIS. Jespersen's *Modern English Grammar*,
completed close to the onset of the period here reviewed, was hailed as a
milestone of a methodology which had never been, in a way typical of
European scholarship, the subject of explicit formulation. But otherwise
global structural descriptions of any complete language system have not
become frequent. Amongst presentations of an isolated level, phonology,
naturally, came first in time and in position. Possibly Chao's earlier not
altogether appropriately termed *Non-uniqueness of phonemic solutions*
engendered the divergence of phoneme concepts, of which the one fostered
in Britain was the most conspicuous one ("Not one of the meanings in... the
wide range of application [of the word *phoneme*] suits my purpose", Firth
1948). Here the notion of the phoneme as a family of sounds articulated
materially in reality was conceived, which could give rise to the likewise
"family"-based concept of a diaphone transgressing the frontiers of speech-
communities. Martinet's theoretical diachronic application in the *Économie
des changements phonétiques* was met by an undeservedly cool reception,
while Togeby (1951) combined in a typically Danish procedure, however
neglecting the diachronic aspect, a view of the phonological structure with
the morphological one, whose inflectional area was subsequently (1964)
recognized by the French School in the person of Kuryłowicz as the most
effective instrument for the establishment of the CATEGORIES of a language:

> "The renewal of grammatical analysis due to structural methods is most effec-
> tive where overall categories, such as the inflectional ones, are concerned."

In his works, which underline the distinction of paradigmatic and syntagmatic relations within the categorial system, the morphological means of

expression of the Indo-European idioms are integrated in that model, which strongly inspired research in the much less researched extra-Indo-European ones.

The truly spectacular achievement of European language science was the development of SYNTAX. A further neat distinction was drawn between sentence-parts and PARTS OF SPEECH, for which, after the recognition of their non-universality, valid and clear definitions continued to be searched (from Brøndal to Glinz, and from Gardiner to Polotsky), lately converging in their promising conception as "bundles of function marks", the number of functions being reduced by means of binary analysis.

In the area of VERBS, tendencies were felt to place the syntactic role of the verb on the same footing as that of the sentence, so that syntax would be considered as tantamount to the behaviour of the verb. In particular the verbs of minimal reality content and maximal grammatical status were made the subject of deepened investigation: "being" and "having" (both shown by Benveniste to be "verbs of existence"); typologically one consequently distinguished "have-languages" from "be-languages" (more properly "exist-languages"), according to the syntactic expression of possessive or related concepts. In the NOMINAL AREA, the foremost problem addressed was the function of case. New theoretical foundations having been laid in Hjelmslev's *Catégorie des cas* of the mid-thirties, the discussion centered around the "localist" or "grammaticalist" theory of the nature of the cases. Subsequent to the introduction of valency doctrine, more weight was given to views which considered that category as preponderantly grammatical, at least in essence. Several scholars identified that problem as one concerning the relation between semantics and syntax and developed a theory of "localism" (acknowledged even by Kuryłowicz), within which "non-spatial" meanings can easily be derived (synchronically) from spatial ones. Achieving clarity in this respect would be very beneficial for the study of languages which reveal "symmorphism" of the case system and the system of adverbial relations in that the cases rather than being marked by flexional means, are expressed by a part of the prepositional paradigm which serves for the local-temporal-causal etc. relations (as in the Romance languages).

Extremely high interest was aroused in Europe by the subject of "WORD" ORDER, but European scholars appeared less inclined to base their grammatical descriptions on *SOV*, *SVO* etc. formulas, obviously because it was recognized that the significance and usefulness of these formulas is not the same for languages with syntagmatic marking of the status of nominal sentence parts and for those with even partial morphological indication or marking by particles.

In 1978, attention was focused on a highly important advance in syntactic studies, heralded by an issue of the *BSL* in which Hagège, Lazard and Perrot presented, each from his individual angle, the TRIADIC (or, in a certain sense, tetradic) DOCTRINE OF SYNTACTIC FUNCTIONS OR "POINTS OF VIEW", inherited from the Prague School. Suprasegmentals were assigned their proper status in the expression of adverbial or sentential complements; the essentially semantic function of agentivity or "actance", founded on Tesnière's concept of "actants", was inquired into and gave rise to Lazard's ambitiously devised enterprise for the research of "actances", which concentrates on the nature of ergativity and its typological status; Perrot studied the properties of sentences and in particular their componential order, clarifying their purport on the communicative level and the coherence of the discourse. No fruitful syntactic research appears nowadays possible without taking these achievements into account, and it was from there that Czech, Israeli and other scholars were encouraged to look for a variety of means of expression, apart from componential order, for the distinction of the principal terms of the enunciative paradigm.

VALENTIAL or DEPENDENTIAL GRAMMAR, another characteristic outgrowth of European scholarship, was able to obtain a very elevated position due to the application of the technique which decomposes the sentence progressively, at every step segmenting each component into two "immediate constituents", between which communicative relations may apply. This doctrine, propagated by Fourquet for German studies in France and initially for didactic-applicative purposes, rapidly expanded, not lastly outside the Indo-European area, for Hebrew in Israel by Rosén (1958). Happ, a German Classical scholar of French formation, published the first (and maybe until now only) relatively comprehensive presentation of a language, Latin, in terms of *Dependenzgrammatik* (1976).

It is only in TRANSPHRASAL SYNTAX that European scholarship transgressed the limits set by strictly formal-empirical structuralism, since it went beyond the study of clearly "text-grammatical" features and register-marking phenomena and engaged in reflections about cohesion of continuous segments and texts and the ideas represented therein, which, however, appears to be a valuable instrument for the content and compositional analysis of literary expression.

Not much can be said in this framework about European contributions to the more traditional, preponderantly non-synchronistic, approaches in linguistics, not because stagnation prevailed, but because — in our opinion — less significant advance of new methods or principles is observed in European scholarship in this vein. ETYMOLOGY, setting aside its comparative and diachronic concentration on naked roots, fostered the "static etymology" advocated by Vendryes (1953) and gradually turned to complete words and their conceptual purport, converting it into an "histoire des mots". Intrafamilial and inter-familial COMPARATIVE LINGUISTICS, after successfully eliminating nostratism and omnicomparatism, never a typically European trend, could engage in reflection on its declared traditional objective, the reconstruction of ancestors of established genealogical groups. Attention was paid starting from the seventies in congresses, programmatic lectures (Doerfer 1973) and collective publications to the probability and reality of reconstructed language-forms and of the existence of communities of speakers using them, positions ranging from moderate optimism, as expressed, e.g., in

> "la (ri)costruzione di un modello astratto non è in contrasto e non esclude la possibilità di recuperare qualcosa di più concretamente reale" (Ramat 1977),

to extreme skepticism and attempts at modifying the "family-tree" model (Meid and others).

Hardly any area of language science has undergone such far-reaching changes in its basic concepts as TYPOLOGY, which undoubtedly is "just one branch of comparative linguistics", but can be viewed from a wide range of different angles, not only for the purpose of futile classification of languages, but from the potential pitfalls and fallacies of comparison of syntagmatic characteristics to the build-up of morphological and phonological categorial paradigms. Its intrusion into other branches of comparison, such as genealogical reconstruction, has called forth theoretical assumptions which have become subject to intense discussion about the admissibility of typological considerations into comparative reconstruction. First and foremost in these problematics is Gamkrelidze's hypothesis of the compatibility of the Proto-Indo-European consonant system with typological premises maintained in the Kartvelian area. It goes without saying that this touches upon the ideologically loaded and historically tragic polemics around the *Urheimat* of the Indo-Europeans which now — fortunately, I would say — rages outside the European scope more than inside it. That situation — and also certain trends of cultural-etymological speculation whose results are neither predictable nor assured — involves the risk of depriving European-type Indo-European studies of their prestige position as an admirable model for linguistic studies of any outlook, which they still enjoy these days. On the other hand, a structurally based etymological method, coupled with a solidification of the concept of typology as the study of the tool by which human languages are "built" and — as conceived by Humboldt — as a survey of the system of concrete links between types of linguistic systemic functions and types of means of expression related to such functional categories, a system which may and must undergo diachronic modifications, internally and as a result of contacts, together constitute an enterprise most promising for the future development of European Science of Languages as a truly humanistic discipline.

EIN HALBES JAHRHUNDERT EUROPÄISCHER SPRACHWISSENSCHAFT
(Zusammenfassung)

„Europäische Sprachwissenschaft" — nicht geographisch, sondern aufgrund aus intellektuellen Klimas erwachsener Geistesrichtungen und Gedankengängen gesehen — steht als eine Gesamtheit von Ideen von Sprache, Sprachen und deren Erscheinungen vor uns. Es haben hier die zwischen ihnen bestehenden Zusammenhänge und ihre gegenseitige Befruchtung aufgezeigt zu werden, wie auch mit aller gebotenen Vorsicht gewisse etwa zwischen der europäischen Sprachwisschaft und außereuropäischer linguistischen Technik bestehenden Zusammenhänge. Oberflächliche Ähnlichkeiten wie die „stammbaum"artige graphische Darstellung sowohl des Tesnièreschen wie auch des generativistischen Modells dürfen nicht als Anzeichen einer Abhängigkeit außereuropäischer Linguistik von der europäischen angesehen werden. Zu betonen ist der Beitrag derjenigen Gelehrten und Gestalten, die durch Stellungnahme zu Grundfragen zum Fortschritt, der Befruchtung und der Vertiefung unserer Disziplin aktiv beigetragen haben. Wir klammern hier die in Europa eher marginalen Grenzwisschenschaften (Jakobsons „hyphen-linguistics") und die Anwendungen der Linguistik aus. In meister Hinsicht ist so „Linguistik" die Wissenschaft von dem in den zur menschlichen Verständigung dienenden Sprachen Beobachteten geblieben; um 1970 wurde ein Terminus „Pragmalinguistik" geprägt, um den eigentlich sprachlichen Teil der Erforschung des Sprachgebrauches abzugrenzen, wobei der Ausgangspunkt derselben die Austin-Searlesche „Sprechaktlehre" ist, die ihrerseits die Existenz und Möglichkeit der Zueinanderordnung grammatischer syntaktischer Gebilde („Sätze") voraussetzt.

Es gibt keine „europäische Schule" in der Sprachwissenschaft; eine Vielfalt und gedankliche Selbständigkeit von Schulen, zwischen denen Verständigung möglich ist, stellt sicher, daß Gedankengänge und Methoden nicht gegenseitig aufgezwungen werden. Dies beugt den Gefahren von Inzucht und Tendenzen, der einen oder anderen Schule eine führende Stellung einzuräumen, vor; eine „Hauptrichtung" scheint es nie gegeben zu haben. Die großen Errungenschaften der europäischen Sprachwissenschaft gehen aus der Wechselwirkung von Ideen und Tendenzen im letzten halben Jahrhundert hervor; ihre Wiege steht im von äußeren Einflüssen freien klassischen europäischen Strukturalismus, und sie hatte sich häufig abträglichen und herabwürdigenden Angriffen von jenseits des Atlantiks her, und zwar gewöhnlich mit Zurückhaltung, zu verteidigen, wie

„It is …well to stress that linguistics is a very difficult discipline. … Its methods and objectives are extremely heterogeneous; there is no single framework into which every investigation neatly falls. … have we such a thing as ˌTHE theory' or ˌTHE methodology'?" (Matthews, 1972).

Leo Weisgerbers Schrift *Zweimal Sprache* (1973) ist eine Reaktion auf eine Serie von Radiosendungen und betont den Unterschied zwischen „Linguistik" und „Sprachwissenschaft" zugunsten der letzteren, da diese von ihm als den humanistischen Charakter der Sprachforschung spiegelnd erfaßt wird. SPRACHSPEZIFISCHE FORSCHUNG spielt eine verhältnismäßig viel größere Rolle in der europäischen Wissenschaft als theoretische Diskussion. Das eigentliche Wesen unserer Wissenschaft in Europa als *science humaine* ist dadurch sichergestellt, daß

„Linguistic theory is led by an inner necessity to recognize man and human society behind language, …its prescribed goal: *humanitas et universitas.*" (Hjelmslev 1943 [1961]),

und wichtige und einflußreiche Ergebnisse werden in unserem Berichtszeitraum dank Empirismus und Deduktivismus erreicht.

Tesnières in den Fünfzigerjahren erarbeitete *Éléments*, ein „Bekenntnis zu Humboldt", brachte eine richtiggehende auf Valenz fußende Dependenzgrammatik hervor, ein kraftvolles und wirksames Werkzeug, der generativ-transformationellen Grammatik eine Antwort zu liefern. Die schon von Bally vorgelegten Transpositionen, integraler Bestandteil des Tesnièreschen Modells, sind nicht mit den generativistischen Transformationen identisch.

Noch vorher hatte Martinet auf die überragende Bedeutung der dänischen Lehre (*Omkring sprogteoriens grundlæggelse* und andere Werke) aufmerksam gemacht, wobei die von den Glossematikern, deren Lehre „in der Entwicklung der funktionalen Linguistik eine bedeutende Rolle spielte", befürwortete Ausdehnung strukturalanalytischer Methoden und Techniken von der Phonologie auf die übrigen Ebenen gefestigt werden konnte. Zur gleichen Zeit kündete Martinets hier und dort kühl aufgenommener Vortrag „Phonology as functional phonetics" den „Abschluß einer Periode theoretischer Diskussion" an und machte die Prager Phonologie zu einer quasi-sanktionierten maßgebenden Lehre; der von ihm später eingeführte Begriff des „Monems" konnte dank einer hierarchischen Ausdehnung bis zu sinntragenden Strukturen auf der Satzebene hinauf für die Schaffung eines einzigen auf alle Ebenen anwendbaren analytischen Verfahrens nutzbar gemacht werden, wie es sich schon begrifflich aus dem Terminus „Gloss"-ematik mit seinem verallgemeinerten und nicht auf einen Bereich beschränkten -ημα-Suffix ergab. Die Solidarität aller „Form"begriffe und -einheiten ist ein den europäischen Strukturalismus von anderen Arbeitsvorgängen unterscheidendes Kennzeichen, welche auf unlogische Weise den einzelnen Schichten der Sprach„substanz" getrennte und verschiedenartige Darstellungstechniken zuweisen. Der Begriff eines „Corpus" impliziert hier, daß

„L'objet d'une description immanente est ... la langue considérée comme un texte sans fin." (Togeby 1951).

Von Bedeutung war Benvenistes schrittweise Schaffung eines globalen Systems von Kategorialanalysen für schon erforschte Sprachen, welches anderen Schulen (darunter derjenigen von Jerusalem) auf der Grundlage als Vorbild diente, daß (laut Perrot 1984)

> „quand deux formations vivantes fonctionnent en concurrence, elles ne sauraient avoir la même valeur; ... il incombe aux linguistes de retrouver ces valeurs."

Die Ausdehnung strukturalanalytischer Verfahren und Methoden von der Phonologie auf andere Bereiche unterstrich die Wichtigkeit des Ersatzes und Austausches von Sprachelementen innerhalb ihrer Klassen, so in Glinz' „inhaltsbezogener Grammatik", die von Bindungen zur Philosophie und neuartigen, sich von der Syntax an sich absetzenden Ergebnissen zur Lehre von den Redeteilen charakterisiert war. Die Niederlande leisteten mit einer aus der sich etwas vom klassischen Strukturalismus entfernenden „funktionellen" Grammatik hervorgehenden Synthese dieser Strömungen durch Dik (1978) ihren Beitrag.

Die Unterscheidung der SYNCHRONIE von der DIACHRONIE, für die Strukturalanalyse von Jakobson auf dem Gebiet der Phonologie eingerichtet und daselbst in Martinets *Économie des changements phonétiques* deutlich formuliert, drang auf allen Ebenen durch, doch Warnungen vor allzu scharfer Trennung der beiden „Gesichtspunkte" und die Forderung, ihr Überschneiden und Zusammenwirken anzuerkennen, wurden laut. Trotz der Bemühungen der skandinavischen Schule und Coserius (1958) tiefgreifender Darstellung ihrer Problematik kann der Prozeß, der Ansicht von „Diachronie" (oder eher „Sukzessivität") „in der Synchronie" Geltung zu verschaffen, bis heute noch nicht als abgeschlossen angesehen werden. Das Phänomen der Anwesenheit des Diachronischen innerhalb des Synchronischen ist in gewissem Sinne mit der Erkenntnis der gesellschaftlichen Seite der Sprache verbunden, da der „schöpferische" Aspekt (*Energeia*) des Gebrauchs derselben hier nicht dem Individuum, sondern der Gesellschaft zugeschrieben wird, indem sich das „Schöpferische" in Systemveränderungen und Modifikation von „Normen" verwirklicht, was über den neu geschaffenen Begriff eines „Panchronismus" (Haudricourt, Hagège) zu einer sich im Hervorbringen neuer Formen oder neuartiger struktureller Möglichkeiten auswirkenden „Sozio-Operativität" führt. Von Wichtigkeit ist die Erfassung von Kulturen und Zivilisationen einzelner Gesellschaften mittels strukturalkategorieller Analyse ihrer Sprachsysteme (Benveniste und seine Schüler), ein Bestreben, welches in der europäischen Wissenschaft als Ziel und Zweck der Sprachwissenschaft gelten kann. In der europäischen Auffassung bedeutet „historisch" die Notwendigkeit, sich Zeugnisse, d.h. philologische Bezeugung, zu verschaffen. Dieser Unterbau verstärkte die Verläßlichkeit der Ergebnisse sprachwissenschaftlicher

Erforschung der „großen Literatursprachen", der traditionellen Grundlage europäischer Bildung, und hat den alt„ehrwürd"igen Zusammenstoß zwischen „Philologie und Sprachwissenschaft" weitgehend gemildert.

Versuche machten sich bemerkbar, diesen oder jenen Grundbegriff transatlantischer Linguistik in die europäische Wissenschaft einzubauen. Die 1974 in einer Chicagoer Tagung vorgebrachte THEORIE VOM „NATÜRLICHEN" wurde von dort von Dressler, unter ihrer Anwendung über das Gebiet der Phonologie hinaus nach Europa verpflanzt; sie spricht zwar synchrone und diachrone Vorgänge an, die sich in der Mehrzahl der Sprachen auffinden lassen, hält sich aber von vollem Anschluß an den Universalbegriff ferne und wendet den generativistischen Begriff von „markedness" an, um den „unmarked term" als das Natürliche anzusetzen. Sie dürfte in der Tat imstande sein, diachronische Vorgänge in der Sprachgemeinschaft wie auch beim Individuum im Prozeß der Spracherwerbung mit gewisser Wahrscheinlichkeit vorherzusagen. „Functional grammar" war ihrerseits ausdrücklich als Reaktion auf generativistische Ansätze gestaltet worden und erklärt Transformationen für nicht anwendbar und schädlich. Sie distanziert sich vom Großteil der europäischen Linguistik dadurch, daß sie — ähnlich dem Guillaumismus — Bedeutung zum Ausgangspunkt nimmt, das „Wort" als semantisches Wesen erfaßt und die Grammatizität eines Satzes von der Seite der semantischen Strukturen her betrachtet; sie übernimmt jedoch den wichtigen Prager Begriff der drei Satzfunktionen, von denen die zwischen den Satzbestandteilen bestehenden Beziehungen nur eine einzige darstellen. Eine Neigung zu formaler und mathematisierter Darstellung der strukturellen Beziehungen hat der Amsterdamer Schule eine besondere Eignung zur Entwicklung von Computeranalyse mit einem Abzielen auf maschinelle Übersetzung verliehen.

TEXTGRAMMATIK, die sich der Vorliebe der holländischen Schule erfreute, ohne daß allerdings eine deutliche Grenze zur Pragmatik hin gezogen wurde, erfuhr eine scharf umrissene formelle Niederlegung in einer berühmt gewordenen Benvenisteschen Lehre, laut welcher eine Anzahl grammatischer Kategorien, vor allem Verbaltempora, als Realisierung der an jedem Punkt bestehenden kommunikativen „Einstellung" des Sprechers (oder Schreibers), d.h. als Bericht eines „Erlebnisses" oder als „Besprechung" einer Sachlage, gewertet werden müßten; es konnte festgestellt werden, und zwar zuerst am Französischen, daß Sprachen zwei getrennte und einander ausschließende Tempussysteme zu eigen haben können, von denen jedes in eigentlich „besprechenden", bzw. „berichtenden" Textabschnitten gebraucht wird und dieselbe hiernach charakterisieren. Die Anwendung dieser zuerst in der Romanistik bestärkten, sodann in die Erforschung deutscher literarischer Texte übernommenen Lehre ist heutzutage in der typisch europäischen Erforschung der Literatursprachen weit gediehen.

Die Verbreitung des STRUKTURALISTISCH-FUNKTIONALEN GEDANKENS fand schrittweise und nicht überall mit gleicher Geschwindigkeit statt. Im Laufe dieses Prozesses erfuhren manche Schulen Veränderungen; so verschob die

Prager Schule ihre Warte etwas durch die Schaffung der 1929 in Mathesius'
„funktioneller Satzperspektive" angedeuteten grundlegenden Theorie von
den drei syntaktischen Funktionen. Die strukturalistische „Ideologie" rief
auch Reaktionen hervor, so die Gedanken Gustave Guillaumes, in denen
von einem Ausgehen von empirisch feststellbaren Daten Abstand genom-
men wird und die auf nichtformellen, häufig introspektiv angesetzten
„psychosystematischen", ungeachtet einer analogen Terminologie von Saus-
sureschen Begriffen abweichenden, Kategorialbegriffen beruhen. Diese
Züge des Guillaumismus führten mit seiner nich leicht verständlichen, pitto-
resken Darstellungsweise dazu, daß diese „Lehre" weit weniger Anhänger
hinterließ als andere Doktrinen europäischer Sprachwissenschaft, und der
Erfolg der letzeren mag der Rezeption von Grundsätzen für die „Bestimmung der Funktion grammatischer Kategorien" zugeschrieben werden wie

> „Den Ausgangspunkt der Analyse hat der Gebrauch der Formen in der betref-
> fenden Sprache zu dem zu untersuchenden Zeitpunkt zu bilden." (Koschmieder,
> 1945),

was selbstverständlich heutzutage banal wirkt. Sich auf Kulturen und Zivilisationen beziehende begriffliche Unterscheidungen konnten durch Ausein-
anderhalten scheinbarer Formvarianten oder -dubletten ans Licht gebracht
werden, wozu die Frage „Welches Inhaltselement ruft die Auswahl der
Form A gegenüber B hervor oder wird bei der Aufnahme von A und nicht
von B in der Äußerung verstanden?" Ein „Äquativ" konnte von einer
„Steigerungsform" bei altindogermanischen „Komparativ"formen unterschieden werden; dem thematischen Satzsegment angehörige Tempusfor-
men von solchen, die Teil des rhematischen sind; bei Paaren vorher als
gleichbedeutend angesehener Possessivformen oder -konstruktionen solche,
die inhärente Zugehörigkeit oder unveräußerlichen Besitz ausdrücken, von
solchen, die nicht Merkmal der genannten Werte sind. In artikellosen Sprachen ließ sich der Ausdruck einer „Determination" mit Hilfe wechselnder
Konstruktionen adnominaler Adjunkte aufzeigen. Ein Großteil dieser Ent-
deckungen ist das Verdienst der französischen und der von ihr inspirierten
Jerusalemer Schule. Eine weittragende Errungenschaft war auch die volle
Ausarbeitung der von Weil 1844 skizzierten Lehre von der Funktionalität
der Anordnung der Satzbestandteile auf der kommunikativen Ebene, welche
der Rentabilität der *SOV-SVO*-Unterscheidung erheblich Abbruch tut, wenn
es sich um Sprachen mit angeblich „freier Wortstellung" handelt.

Erst in den Siebzigerjahren kam, gleichzeitig in Frankreich (Greimas)
und in der deutschen Romanistik (Coseriu), eine Strömung der STRUKTURA-
LEN SEMANTIK auf. Sie beruht auf der Erkenntnis, daß auch die Inhaltsebene
im Sinne der hjelmslevischen Auffassung, daß Bedeutungseinheiten innerhalb semantischer „Felder" ein Paradigma bilden, strukturiert ist. Ihrem in der
Erforschung des Romanischen gelegenen Ausgangspunkt entsprechend, fand
sie ihren deutlichsten Ausdruck in Frankreich und der dortigen spanischen
Sprachwissenschaft: Pottier, obgleich Schüler Guillaumes, charakterisiert

(1974) sie trotz ihrer Beschäftigung mit weder auffindbaren noch erfaßbaren Gegenständen (den „semantischen Komponenten") folgendermaßen:

> „Le linguiste part de l'observable pour construire une hypothèse sur le non observable directement."

In einer der strukturalen Semantik vorausgehenden Schrift wendet Lyons in seinen vorgenerativistischen Tagen (1963) Triers Analyse des deutschen Bedeutungsfeldes „Verständnis" in sehr gelungener Weise auf Plato an und zeigt mittels der Abgrenzungen von ἐπιστήμη, σοφία, τέχνη, daß die Ähnlichkeit der Abzeichnungen von Begriffen in verschiedenen Sprachen ein Zeichen der Affinität ihrer „Weltbilder" ist.

Mit dem Streben nach einer auf den Menschen und die menschliche Gesellschaft abgezielten Wissenschaft vereint, ist hier ein reicher Nährboden für die SPRACHWISSENSCHAFTLICHE ERFORSCHUNG VON KULTUREN UND ZIVILISATIONEN geschaffen, die es im Sinne Benvenistes gestatten „de rejoindre des autres sciences de l'homme et de la culture", doch kritisiert dieser den seines Erachtens überbetonten Formalismus von Tesnière, Hjelmslev und Chomsky; er ließ sich von einem anthropologisch-gesellschaftlichen Strukturalismus nach der Art von Lévi-Strauss beeinflussen — der sich als von Vorträgen Bonfantes inspiriert erklärt hatte. Die genannte Forschungsrichtung betonte im Gegensatz zu ihrem Vorläufer in der amerikanischen Anthropologie hauptsächlich die alten, aber auch die zeitgenössischen, großen Sprachen der europäischen Kultur. Die genannte Tendenz übte eine beträchtliche Wirkung auf die Fähigkeit der Forscher, Kategoriestrukturen von Gesellschaften und Zivilisationen aufzudecken, aus, wobei sich ihre auf untergegangene Kulturen mittels Rekonstruktion vorzüglich in den Bereichen der gesellschaftlichen Struktur, der Religion (Benveniste), der Mythologie und der Dichtung hinzielenden Bemühungen die Wichtigkeit, eine philologische, mithin verläßliche und verifizierbare, Grundlage der linguistischen Arbeit zu schaffen, unterstrichen — eine für die europäische Gelehrsamkeit charakteristische Symbiose, welche zu einem besseren und vertieften Verständnis der großen Zivilisationssprachen zu führen geeignet ist. Ein vollständigeres Bild der indogermanischen Dichtersprache wurde entworfen, indem man sich auf Gemeinsamkeit von Formeln wie κλέος ἄφθιτον = altind. *çrawa[s] akṣitam* als Anzeichen einer gemeinschaftlichen Traditionen mehrerer epischer Dichtungsformen stützte, und dies bahnte den Weg zu einer Erforschung einer gemeinsamen Mythologie und gewisser früher Religionen, wobei öfters beabsichtigt war, einen Beitrag zu einem — gelegentlich riskierten — Gemälde einer Kultur zu leisten, die einer real gedachten Sprachgemeinschaft als „Ur"kultur eines „Ur"volkes zugeschrieben werden könne. Eine solche rekonstruktionalistische Zielsetzung scheint jedoch nicht vorzuliegen im bedeutendsten Werk auf diesem Gebiete, welches rekonstruierbare gesellschaftliche Begriffe in weitem Umfang deckt, Benvenistes zweibändigem *Vocabulaire des institutions indo-européennes* (1969), das bis heute nicht seinesgleichen hat.

Bei der sprachspezifischen Systemforschung haben GESAMTDARSTEL-LUNGEN einer Sprache wie die vor Beginn unseres Berichtszeitraumes fertiggestellte als vorbildlich anerkannte *Modern English Grammar* Jespersens von Darstellungen eines Teilsystems unterschieden zu werden. Sonst waren vollständige strukturelle Beschreibungen eines Sprachsystems nicht häufig. Unter den DARSTELLUNGEN EINZELNER EBENEN kam natürlich die Phonologie an erster Stelle, zeitlich und in ihrer Stellung nach. Möglicherweise war es Chaos ältere, unpassend betitelte Schrift „The non-uniqueness of phonemic solutions", die eine Divergenz der Auffassungen vom Phonem hervorrief, deren auffallendste in Britannien erkennbar wurde („Not one of the meanings in... the wide range of application [des Terminus *phoneme*] suits my purpose", Firth 1948). Hier wird das Phonem als eine Familie realisierter Laute aufgefaßt, was den Begriff eines ähnlich als „Familie" betrachteten, die Grenzen von Sprechergemeinschaften überschreitenden „Diaphons" ins Leben zu rufen imstande war. Martinets diachronistische theoretische Anwendung in der *Économie des changements phonétiques* erlebte eine m. E. unverdient kühle Aufnahme, während Togeby mittels eines typisch dänischen Verfahrens, allerdings vom diachronischen Gesichtspunkt Abstand nehmend, die Betrachtung der phonologischen mit der der morphologischen Struktur kombiniert, deren flexionaler Bereich in der Folge (1964) von der von Kuryłowicz vertretenen französischen Schule als das leistungsfähigste Instrument zur Bestimmung der KATEGORIEN einer Sprache erkannt wurde:

> „The renewal of grammatical analysis due to structural methods is most effective where overall categories, such as the inflectional ones, are concerned."

In seinen die Unterscheidung der innerhalb des Kategorialsystems bestehenden paradigmatischen von den syntagmatischen Beziehungen unterstreichenden Werken werden die morphologischen Ausdrucksmittel der indogermanischen Sprachen in ein Modell eingegliedert, das die Erforschung der weniger durchforschten nichtindogermanischen Sprachen stark beeinflussen sollte.

Bedeutendes wurde auf dem Gebiete der SYNTAX geleistet. Eine reinere Trennungslinie wurde zwischen Satzteilen und REDETEILEN angestrebt, und für die letzteren machte man sich, nachdem ihr nicht universales Wesen erkannt war, auf die Suche nach gültigen und klaren Definitionen, welche letzthin in der vielversprechenden Ansicht von den Wortklassen als „Bündeln von Funktionsmerkmalen", deren Anzahl sich mit Hilfe einer binären Analyse vermindern läßt, zusammenliefen.

Die Rolle des VERBUMS ließ man häufig auf derselben Grundlage wie die des Satzes fußen, so daß Syntax soviel wie Verhalten des Verbums bedeuten konnte. Besonders die Verben kleinsten Realitätsbezuges und höchsten grammatischen Status wurden vertieft untersucht, „sein" und „haben", beide nach Benveniste Existenzverben; folglich konnte man typologisch „have-languages" von „be-languages" (eigentlich „exist-languages") unterscheiden, je nachdem, wie Besitz und verwandte Begriffe syntaktisch ausgedrückt werden. Im Bereich der NOMINA war das in erster Linie anzusprechende Problem dasjenige der Kasusfunktion. Nachdem um die Mitte der Dreißigerjahre in Hjelmslevs *Catégorie des cas* neue theoretische Grundlagen geschaffen worden waren, ging die Diskussion um die „lokalistische" oder „grammatische" Theorie vom Wesen der Kasus. Als Folge des Umsichgreifens der Valenzlehre dürften die zu einem zumindest überwiegend wesentlich grammatischen Wesen neigenden Ansichten an Bedeutung gewonnen haben. Manche Forscher betrachteten das Problem als die Beziehung zwischen Grammatik und Lexikon betreffend und entwickelten eine Theorie des „Lokalismus", innerhalb welcher „nichträumliche Bedeutungen von räumlichen (synchronisch) leicht abgeleitet werden können". In diesem Belange Klarheit zu erlangen, wäre für die Erforschung derjenigen Sprachen gewinnbringend, die einen „Symmorphismus" zwischen dem Kasussystem und dem System der Umstandsbestimmungen in der Weise aufweisen, daß die Kasus nicht durch Flexion, sondern, wie in den romanischen Sprachen, von einem Teil des für den Ausdruck der Zeit-Raum-Kausal-beziehungen dienenden Paradigmas ausgedrückt werden.

Großes Interesse bestand in Europa für den Gegenstand der „WORT"-STELLUNG, doch die europäischen Wissenschaftler zeigten sich weniger geneigt, für ihre grammatischen Beschreibungen die Formeln *SOV*, *SVO* usw. zu benutzen; der offensichtliche Grund hierfür war die Erkenntnis, daß die Bedeutung und Nutzbarkeit dieser Formeln für die Beschreibung von Sprachen mit syntagmatischem Ausdruck des Status der nominalen Satzbestandteile eine andere ist als für diejenige von Sprachen mit selbst nur teilweiser morphologischer oder Partikel benutzender Bezeichnung.

Im Jahre 1978 legten Hagège, Lazard und Perrot, jeder von seiner Warte aus, in demselben Band des *BSL* Gedanken zu der von der Prager Schule übernommenen Lehre von der DREI- (oder in gewissem Sinne Vier-)HEIT DER SYNTAKTISCHEN FUNKTIONEN ODER „GESICHTSPUNKTE" vor. Den Suprasegmentalien wird ihr angemessener Status beim Ausdruck der Adverbial- bzw. Satzergänzungen zugewiesen; die auf dem Tesnièreschen Aktantenbegriff beruhende, im Wesentlichen semantische, Funktion der Tätigkeit oder „Aktanz" wird untersucht und führt zu Lazards weit ausholendem Forschungsprojekt über die „actances", welches sich auf die Natur und die typologische Stellung der Ergativität konzentriert; Perrot klärt die Charakteristiken der Sätze und insbesondere die Abfolge ihrer Bestandteile nebst der Leistung der Anordnung derselben auf der kommunikativen Ebene und bezüglich der Kohärenz des Diskurses. Keine weiterführende syntaktische Forschung erscheint heutzutage möglich, ohne diese Ergebnisse in Betracht zu ziehen, und von diesem Punkte ausgehend erachteten es tschechische, israelische und andere Gelehrte als aussichtsreich, über die Bestandteilanordnung hinausgehende weitere verschiedenartige Ausdrucksmittel zur Unterscheidung der Hauptglieder des Paradigmas der Kommunikationsfunktion ausfindig zu machen.

VALENZ- oder DEPENDENZGRAMMATIK, eine weitere Frucht europäischer Wissenschaft, erlangte dank der Anwendung eines den Satz schrittweise in zwei zueinander in kommunikativer Beziehung stehende „unmittelbare Konstituenten" zerlegenden Verfahrens eine gehobene Stellung. Dieses von Fourquet für die Germanistik in Frankreich anfänglich für didaktisch-applikative Zwecke eingeführte Verfahren verbreitete sich rasch und nicht zuletzt außerhalb des indogermanischen Gebietes (Rosén 1958). Der deutsche u.a. in Frankreich ausgebildete klassische Philologe Heinz Happ veröffentlicht 1976 die erste, und vielleicht bis heute einzige, verhältnismäßig umfassende Dependenzgrammatik einer Sprache, des Lateins.

Nur in der TRANSPHRASALEN SYNTAX überschreitet die europäische Linguistik die durch den streng formal-empirischen Strukturalismus gebotenen Grenzen, da sie, über die Untersuchung der deutlich „textgrammatischen" und registerbezeichnenden Erscheinungen hinausgehend, inhalts- und kompositionsanalytische Überlegungen zur Kohäsion zusammenhängender Texte und Stücke und der daselbst ausgedrückten Gedanken und Vorstellungen anstellt.

Vom europäischen Beitrag zu den mehr traditionellen, vorwiegend nicht-synchronischen Richtungen in der Linguistik ist hier nicht viel zu sagen, und zwar nicht wegen irgendeiner festzustellenden Stagnation, sondern weil hier weniger bedeutsame methodische Fortschritte oder Neuheit von Grundlagen zu beobachten sind. Die ETYMOLOGIE verlegt sich, nachdem sie ihre vergleichende und diachronische Konzentration auf bloße Wurzeln ablegen konnte, eher auf die von Vendryes (1953) empfohlene „statische Etymologie" und wendet sich allmählich vollständigen Wörtern und ihren begrifflichen Werten zu, um sich in eine „histoire des mots" zu verwandeln. Die VERGLEICHENDE SPRACHWISSENSCHAFT konnte nach erfolgreicher Elimination des Nostratismus und Omnikomparatismus, die nie eine typisch europäische Strömung darstellten, ihre Aufmerksamkeit wieder ihrem erklärten traditionellen Ziel, der Rekonstruktion eines Vorfahren für jede gesicherte genealogische Gruppe, zuwenden. Von den Siebzigerjahren ab machten Kongresse, programmatische Vorträge (Doerfer 1973) und Kollektivveröffentlichungen zur Frage der Wahrscheinlichkeit und Realität rekonstruierter Sprachformen und der Existenz sich solcher bedienender Gemeinschaften Stellung, wobei sich Urteile von gemäßigtem Optimismus wie

„La (ri)costruzione di un modello astratto non è in contrasto e non esclude la possibilità di recuperare qualcosa di più concretamente reale" (Ramat 1977),

bis zum extremen Skeptizismus und Versuchen, das Stammbaummodell zu modifizieren (Meid und andere), bemerkbar machen.

Kaum irgendein anderer Bereich der Sprachwissenschaft hat so weitgehende Wandlungen seiner Grundkonzepte erfahren wie die TYPOLOGIE, die zweifelsohne „nur ein Zweig der vergleichenden Sprachwissenschaft" ist, aber von einer ganzen Reihe verschiedener Gesichtswinkel her betrachtet werden kann, nicht nur zum Behufe einer an sich zwecklosen Klassifikation von Sprachen, sondern auch von den der Vergleichung syntagmatischer Charakteristiken innewohnenden potentiellen Fallen und Trugbildern angefangen bis zum Bau morphologischer und phonologischer Kategorial-paradigmen. Das Eindringen der Typologie in andere Zweige der Sprach-vergleichung, wie z.B. genealogische Rekonstruktion, löste intensive Diskussionen über theoretische, die Zulässigkeit typologischer Kriterien bei vergleichender Rekonstruktion betreffende, Ansätze aus. Heute betrifft diese Problematik die Hypothese Gamkrelidzes zur Vereinbarkeit des ur-indogermanischen Konsonantensystems mit im kartvelischen Gebiet gültigen typologischen Voraussetzungen. Es braucht nicht betont zu werden, daß dies dann auf die ideologiebelastete und historisch tragische Polemik über die Urheimat der Indogermanen übergreift, die heute — ich möchte sagen, glücklicherweise — eher außerhalb Europas aufgeflammt ist. Eine solche Sachlage — und weiters gewisse Strömungen kulturetymologischer Speku-lation, deren Ergebnisse weder vorauszusehen noch als gesichert anzusehen sind — birgt die Gefahr in sich, den Verlust der Führungsstellung, welche die Indogermanistik europäischen Typs als bewundernswertes Vorbild für Sprachforschung jeder Richtung heute noch immer genießt, herbeizuführen. Andererseits ist eine auf den Strukturalismus gegründete etymologische Methode, verbunden mit einer Festigung der Auffassung der Typologie als Einblick in das Werkzeug, mit dessen Hilfe die Sprachen der Menschheit „gebaut" werden, sowie — im Sinne Humboldts — als Überblick eines Systems konkreter Bindeglieder zwischen Typen von Systemfunktionen und Typen solchen Funktionskategorien zugeordneter Ausdrucksmittel, ein System, welches von innen und durch Kontakt entstehenden diachronischen Wandlungen unterworfen sein kann und muß, ein vielversprechender Weg, die künftige Entwicklung der europäischen Sprachwissenschaft als wahr-haft humanistischer Disziplin sicherzustellen.

RÉFÉRENCES

ABEL, Fritz. 1971. L'adjectif démonstratif dans la langue de la Bible latine. Tübingen.

ADRADOS, Francisco Rodríguez. ²1973. *Estudios sobre las sonantes y laringales indoeuropeas*. Madrid.

AITCHISON, Jean. 1979. The order of word order change. *TPhS* 1979, 43–65.

ALARCOS LLORACH, Emilio. 1950. *Fonología española*. Madrid.

— 1969. *Gramática estructural*: *Según la escuela de Copenhague y con especial atención a la lengua española*. Madrid.

ALBRECHT, Jörn. 1988. *Europäischer Strukturalismus. Ein forschungsgeschichtlicher Überblick*. Tübingen.

ALLEN, William Sidney. 1965. *Vox Latina. The pronunciation of Classical Latin*. Cambridge.

— 1968a. *Vox Graeca. A guide to the pronunciation of Classical Greek*. Cambridge.

— 1968b. *Phonetics in Ancient India*. Den Haag.

ALLERTON, David J. 1982.*Valency and the English verb*. London.

ALTMANN, Gabriel – Werner LEHFELDT. 1973. *Allgemeine Sprachtypologie*: *Prinzipien und Meßverfahren*. München.

ANTTILA, Raimo. 1979. Generative grammar and language change: irreconcilable concepts? in: *Studies in diachronic, synchronic and typological linguistics* (Fs. Szemerényi). Amsterdam, 35–51.

AUSTIN, John L. 1962. *How to do things with words*. Oxford.

BADER, Françoise. 1986. Structure de l'énoncé indo-européen. *BSL* 81/1, 71–120.

— 1989. *La langue des dieux, ou l'hermétisme des poètes indo-européens*. Pisa.

— 1997. Les noms des Aryens: ethniques et expansion. in: Fr. Bader (ed.) 1997, 65–84.

— (éd.). 1997. *Langues indo-européennes*. Paris

BAR-HILLEL, Yehoshua. 1970. *Aspects of language*. Jerusalem.

BARR, James. 1968. *Comparative philology and the text of the Old Testament*. Oxford.

BARRI, Nimrod. 1977. *Clause-models in Antiphontean Greek*. München.

BARTONĔK, Antonín. 1961. *Vývoj konsonantického systému v řeckých dialektech*. Praha.

— 1966. *Development of the long-vowel system in ancient Greek*. Praha.

BAUER, Hans – Pontus LEANDER. 1922. *Historische Grammatik der hebräischen Sprache*. Halle.

BAZELL, Charles E. 1949. On the neutralisation of syntactic oppositions. in: *Recherches structurales. Interventions dans le débat glossématique publiées à l'occasion du cinquantenaire de M. Louis Hjelmslev* (= Travaux du Cercle Linguistique de Copenhague 5), 77–86.

BEATTIE, A.J. 1956. Mr. Ventris' decipherment of the Minoan Linear B script. *JHS* 76, 1–17.

— 1958. A plain guide to the Ventris decipherment of the Mycenean Linear B script. *Mitteilungen des Instituts für Orientforschung* 6, 33–104.

BECKER-MAKKAI, Valerie. v. A. MAKKAI.

BEEKES, Robert S.P. 1989. The nature of the Proto-Indo-European laryngeals. in: Th. Vennemann (ed.), 23–34.

BENVENISTE, Émile. 1935. *Origines de la formation des noms en indo-européen.* Paris.

— 1948. *Noms d'agent et noms d'action en indo-européen.* Paris.

— 1949. c.-r. de J. Lohmann (ed.), *Lexis. Studien zur Sprachgeschichte und Begriffsforschung. BSL* 45/2, 3–4

— 1950. La phrase nominale. *BSL* 46/1, 19–36 [= 1966, 151–167].

— 1952a. La construction passive du parfait transitif. *BSL* 48/1, 52–62 [= 1966, 177–186].

— 1952b. Communication. *BSL* 48/1, XXIII–XXIV.

— 1953. La classification des langues. *Conférences de l'Institut de Linguistique de l'Université de Paris* XI, 33–50 [= 1966, 99–118].

— 1954. Tendances récentes en linguistique générale. *Journal de Psychologie* 47, 130–143 [= 1966, 3–17].

— 1957/58a. La phrase relative, problème de syntaxe générale. *BSL* 53/1, 39–54 [= 1974, 208–222].

— 1957/58b. c.-r. de Martinet 1955. *BSL* 53/2, 42–46

— 1957/58c. c.-r. de Kuryłowicz 1956. *BSL* 53/2, 46–50.

— 1959. Les relations de temps dans le verbe français. *BSL* 54/1, 69–82 [= 1966, 208].

— 1960a. c.-r. de. Tesnière 1959. *BSL* 55/2, 20–23.

— 1960b. «Être» et «avoir» dans leurs fonctions linguistiques. *BSL* 55/1, 113–134 [= 1966, 187–207].

— 1966–1974. *Problèmes de linguistique générale* I–II. Paris.

— 1969. *Le vocabulaire des institutions indo-européennes.* Paris.

BERG, Magnus – Ghani MERAD – Ebbe SPANG-HANSSEN. 1982–1985. *Grammaire française.* København.

BIERWISCH, Manfred. 1966. *Aufgaben und Form der Grammatik.* in: *II. Internationales Symposium* III: *Zeichen und System der Sprache.* Berlin, 28–69 [= H. Steger (ed.), 1–51].

BIRKELAND, Harris. 1940. *Akzent und Vokalismus im Althebräischen, mit Beiträgen zur vergleichenden semitischen Sprachwissenschaft.* Oslo.

— 1947. The Syriac phonematic vowel systems. in: *Festskrift til Professor Olaf Broch på hans 80-årsdag.* Oslo, 13–39.

BLATT, Franz. 1952. *Précis de syntaxe latine.* Paris.

— 1957. Latin influence on European syntax. in: *The classical pattern in Modern Western civilization. Acta Congressus Madvigiani 1954 V* (= Travaux du Cercle Linguistique de Copenhague 11), 33–69, 223–235. København.

BLEGEN, Carl William. 1959. A necessary corrective to Beattie's [1956] article .... *Mitteilungen des Instituts für Orientforschung* 9, 180–183.

BOGACKI, Krzysztof. v. H. LEWICKA.

BOLKESTEIN, A. Machtelt. 1985. Cohesiveness and syntactic variation: quantitative vs. qualitative grammar. in: A.M. Bolkestein, J.C. de Groot, J.L. Mackenzie (edd.), 1–14.

BOLKESTEIN, A. Machtelt – J. Casper DE GROOT – J. Lachlan MACKENZIE (edd.). 1985. *Syntax and pragmatics in Functional Grammar.* Dordrecht.

BRANDENSTEIN, Wilhelm. 1951. Kurze Phonologie des Lateinischen. in: Fr. Altheim, *Geschichte der lateinischen Sprache*. Frankfurt a.M., 481–498.

BRØNDAL, Viggo. [1]1928 [[2]1948]. *Les parties du discours*. København.

BUBENÍK, Vít. 1983. *The phonological interpretation of Ancient Greek: A pandialectal analysis*. Toronto.

BURROW, Thomas. 1949. "Shwa" in Sanskrit. *TPhS* 1949, 22–61.

— 1955. *The Sanskrit language*. London.

BUSSE, Winfried. 1974. *Klasse, Transitivität, Valenz: transitive Klassen des Verbs im Französischen*. München.

BUSSE, Winfried – Jean-Pierre DUBOST. 1981. *Französisches Verblexikon*. Stuttgart.

BYNON, Theodora. v. M. SHIBATANI.

CAMPANILE, Enrico. 1990. *La ricostruzione della cultura indoeuropea*. Pisa.

CANTINEAU, Jean. 1950a. Essai d'une phonologie de l'hébreu biblique. *BSL* 46/1, 82–122.

— 1950b. Analyse phonologique du parler arabe d'El-Ḥamma de Gabès. *BSL* 47/1, 64–105.

— 1952. c.-r. de Martinet 1949a. *BSL* 48/2.

— v. aussi TROUBETZKOY 1949.

CHADWICK, John. v. M. VENTRIS.

CHANTRAINE, Pierre. [1]1948 [[3]1958]–1953. *Grammaire homérique* I–II. Paris.

— 1968–1980. *Dictionnaire étymologique de la langue grecque. Histoire des mots*. Paris.

CHAO, Yuen-Ren. 1934. The non-uniqueness of phonemic solutions of phonetic systems? in: *Bulletin of the Institute of History and Philology, Academia Sinica* IV/1. Shanghai, 363–397.

CLAUDI, Ulrike. v. B. HEINE.

COHEN, David. 1959. c.-r. de Rosén, H.B. 1955. *BSL* 54/1, 257–262.

— 1961. Le vocabulaire de base sémitique et le classement des dialectes méridionaux. *Semitica* 11, 55–84.

— 1970. Les formes du prédicat en arabe et la théorie de la phrase chez les anciens grammairiens. in: *Mélanges Marcel Cohen*. Den Haag, 224–228.

— 1972. *Dictionnaire des racines sémitiques*. Den Haag.

— 1984. *La phrase nominale et l'évolution du système verbal en sémitique. Études de syntaxe historique*. Leuven.

— 1989. *L'aspect verbal*. Paris.

COHEN, Marcel. 1947. *Essai comparatif sur le vocabulaire et la phonétique du chamito-sémitique*. Paris.

— 1952. c.-r. de Martinet 1949a. *BSL* 48/2.

— 1956. *Pour une sociologie du langage*. Paris.

COLLINDER, Björn. 1934. *Indo-Uralisches Sprachgut: die Urverwandtschaft zwischen der indoeuropäischen und der uralischen (finnischugrisch-samojedischen) Sprachfamilie* (= Uppsala Universitets Årsskrift 1934).

— 1948. *La parenté linguistique et le calcul des probabilités* (= Uppsala Universitets Årsskrift 1948).

— 1960. *Comparative grammar of the Uralic languages*. Stockholm.

— 1965. *An introduction to the Uralic languages*. Berkeley.

— 1970. *Der Sprachforscher "behind the looking-glass"*. Stockholm.

— 1974. Indo-Uralisch — oder gar Nostratisch? Vierzig Jahre auf rauhen Pfaden. in: M. Mayrhofer et al. (edd.), *Antiquitates Indogermanicae. Gedenkschrift ... Güntert*. 363–376. Innsbruck.

CONNOLLY, John H. – Simon C. DIK (edd.). 1989. *Functional grammar and the computer* (= Functional Grammar Series 10). Dordrecht.

COROMINAS, Joan. 1954. *Diccionario crítico etimológico de la lengua castellana.* Madrid.

CORTELAZZO, Manlio – Paolo ZOLLI. 1979–1988. *Dizionario etimologico della lingua italiana.* Bologna.

COSERIU, Eugenio. 1952. *Sistema, norma y habla.* Montevideo.

— 1958. *Sincronía, diacronía e historia. El problema del cambio lingüístico.* Montevideo.

— ¹1962–²1967. *Teoría del lenguaje y lingüística general.* Madrid.

— 1965. Critique de la glottochronologie appliquée aux langues romanes. *Actes du Xe Congrès de Linguistique et Philologie Romanes 1962.* Strasbourg.

— 1967. Zur Vorgeschichte der strukturellen Semantik: Heyses Analyse des Wortfeldes „Schall". in: *To honor Roman Jakobson* I. Den Haag, 489–498.

— 1969. Sistema, norma y 'parola'. in: *Studi linguistici in onore di Vittore Pisani* I. Brescia, 235–253.

— 1972. Les universaux linguistiques. *PICL* 11, I. 43–7.

— 1973. *Probleme der strukturellen Semantik.* Tübingen.

— 1977. *Leistung und Grenzen der Transformationellen Grammatik.* Tübingen.

— 1980. Essential criteria for the establishment of linguistic typologies: Introduction. in: T. Thrane et al. (edd.), 157–170.

— 1981. *Lecciones de lingüística general.* Madrid.

— 1987. Typologie: ganzheitliche Typologie versus Teiltypologie. *PICL* 14/1, 237–242

COSERIU, Eugenio – Horst GECKELER. 1974. Linguistics and semantics. in: *Current Trends in Linguistics* 12/1. Den Haag, 103–171.

COWGILL, Warren. 1973 [1986]. *Indogermanische Grammatik* I, 1. *Halbband: Einleitung.* Heidelberg.

CROSSLAND, Roland A. 1958. Remarks on the Indo-European laryngeals. *AL* 10, 79–99.

CUNY, Albert. 1946. *Invitation à l'étude comparative des langues indo-européennes et des langues chamitosémitiques.* Bordeaux.

DANEŠ, František. 1964. A three-level approach to syntax. *TLP* 1, 225–240.

— (ed.). 1974. *Papers on functional sentence perspective.* Den Haag.

DARDEN, Bill J. 1974. Introduction. in: *Papers from the Parasession on Natural Phonology. Chicago 1974.* Chicago, VII–XIII.

DEBRUNNER, Albert. v. E. SCHWYZER.

DECSY, Gyula. 1973. *Die linguistische Struktur Europas.* Wiesbaden.

DETSCHEW, Dimiter. 1957. *Die thrakischen Sprachreste.* Wien.

DIK, Simon C. 1978. *Functional Grammar.* Amsterdam.

— 1980. *Studies in functional grammar.* London.

— (ed.). 1983. *Advances in functional grammar.* Dordrecht.

— 1989. *The theory of functional grammar, Part I: The structure of the clause* (= Functional Grammar Series 9). Dordrecht.

— v. aussi J.H. CONNOLLY.

DOERFER, Gerhard. 1973. *Lautgesetz und Zufall. Betrachtungen zum Omnicomparatismus.* (= IBS, Vortr. u. Kl. Schr. 10). Innsbruck.

— 1995. The recent development of Nostratism. *IF* 100, 252–267.

DOLGOPOL'SKIJ (DOLGOPOLSKY), A(ha)ron B. 1964. *Гипотеза древнейшего родства языковых семей северной Евразии с вероятностной точки зрения*. *VJa* 13/2,53-63.

— 1984. On personal pronouns in the Nostratic languages. in: *Linguistica et philologica. Gedenkschrift für Björn Collinder*, 65–112.

— 1989. Cultural contacts of Proto-Indo-European and Proto-Indo-Iranian with neighbouring languages. *FLH* 8, 3–36.

DÖNNGES, Ulrich – Heinz HAPP. 1977a. *Dependenz-Grammatik und Latein-Unterricht*. Göttingen.

— 1977b. *Zur Anwendung der Dependenz-Grammatik auf den Latein- und Griechisch-Unterricht* (= *Gymnasium*, Beih. 8).

DOVER, Kenneth James. 1960. *Greek word order*. Cambridge.

DRESSLER, Wolfgang U. 1969. Eine textsyntaktische Regel der idg. Wortstellung. Zur Anfangsstellung des Prädikatverbums. *KZ* 83, 1–26.

— 1971. Über die Rekonstruktion der indogermanischen Syntax. *KZ* 85, 5–22.

— 1980. Naturalness as a principle in genetic and typological linguistics: Introduction. in: T. Thrane et al. (edd.), 75–92.

— (ed.). 1987. *Leitmotifs in natural morphology*. Amsterdam.

DRESSLER, Wolfgang U. – Oskar PFEIFFER (edd.). 1972–1988. *Akten der Internationalen Phonologie-Tagung — Proceedings of the International Phonology Meeting*: Wien 1972, Salzburg 1975, Wien 1976, Wien 1980, Eisenstadt 1984, Krems 1988.

DUBOST, Jean-Pierre. v. W. BUSSE.

DUCROT, Oswald. 1968. *Le stucturalisme en linguistique*. Paris.

— 1972. *Dire et ne pas dire. Principes de sémantique linguistique*. Paris.

EBELING, Carl L. 1978. *Syntax and semantics. A taxonomic approach*. Leiden.

EGEROD, Søren. 1980. To what extent can genetic-comparative classifications be based on typological classifications? Introduction. in: T. Thrane et al. (edd.), 115–140.

EMONS, Rudolf. 1980. *Valenzgrammatik für das Englische. Eine Einführung*. Tübingen.

ERNOUT, Alfred – Antoine MEILLET. 1932–1951. *Dictionnaire étymologique de la langue latine. Histoire des mots*. Paris.

FAJEN, Fritz. 1971. Tempus im Griechischen. *Glotta* 49, 34–41.

FEUILLET, Jack. 1987. L'organisation des trois points de vue. *BSL* 82/1, 1–41.

— (éd.). 1998. *Actance et valence dans les langues de l'Europe*. Berlin/New York.

FIRBAS, Jan. 1964. On defining the theme in functional sentence analysis. *TLP* 1, 267–280.

— 1974. Some aspects of the Czechoslovak approach to problems of functional sentence perspective. in: F. Daneš (ed.), 11–37.

— 1975. On the thematic and the non-thematic section of the sentence. in: H. Ringbom et al. (edd.), *Style and text* (Fs. Enquist). Stockholm, 317–334.

FIRTH, John Rupert. 1948. Sounds and Prosodies. *TPhS* 1948, 127–152.

— 1955. Structural linguistics. *TPhS* 1955, 83–103.

— 1957. Applications of general linguistics (Presidential address). *TPhS* 1957, 1–14.

FISCHER-JØRGENSEN, Eli. 1943. c.-r. de Hjelmslev 1943. *Nordisk Tidsskrift* 7, 81–96 [Eng. transl. in ead. 1979, 40–54].

— 1979. *25 years' phonological comments*. München.

FLÄMIG, Walter. v. K.E. HEIDOLPH.

FLEISCH, Henri. 1947. *Sur le système verbal du sémitique commun et son évolution dans les langues sémitiques anciennes.* Beyrouth.

FLOYD, Edwin D. 1980. Kleos aphthiton: An Indo-European perspective on Early Greek Poetry. *Glotta* 58, 133–157.

FÓNAGY, Ivan. 1982. *Situation et signification.* Amsterdam.

— 1983. *La vive voix. Essais de psychophonétique.* Paris.

FOUGERON, Irina. 1989. *Prosodie et organisation du message. Analyse de la phrase assertive en russe contemporain.* Paris.

FOURQUET, Jean. 1948. *Les mutations consonantiques du germanique.* Paris.

— 1949. Analyse linguistique et analyse morphologique. in: *Recherches structurales. Interventions dans le débat glossématique publiées à l'occasion du cinquantenaire de M. Louis Hjelmslev* (= Travaux du Cercle Linguistique de Copenhague 5), 38–47.

— 1965. L'analyse structurale de la phrase allemande. *Langage et comportement* 1, 49–60.

— 1976. Zur Sonderstellung des Subjekts. Eine Auseinandersetzung mit Tersnière und Chomsky. *Wirkendes Wort* 4, 234–240.

FRAENKEL, Ernst. 1962–1965. *Litauisches etymologisches Wörterbuch.* Heidelberg.

FRISK, Hjalmar. 1960–1972. *Griechisches etymologisches Wörterbuch.* Heidelberg.

FRONZAROLI, Pelio (ed.). 1973. *Studies on Semitic lexicography.* Firenze.

GAMKRELIDZE (GAMQRELIZE), Thomas V. 1960. *Хеттский язык и ларингальная теория.* Tbilisi.

— 1981. Language typology and language universals and their implications for the reconstruction of the Indo-European stop system. in: J. Arbeitmann (ed.), *Bono homini donum. Essays … in memory of J.A. Kerns* II. Amsterdam, 571–609.

GAMKRELIDZE (GAMQRELIZE), Thomas V. – Vjacheslav, V. Ivanov. 1984. *Индоевропейский язык и Индоевропейцы… Реконструкция, историко - типологический анализ праязыка и протокультуры.* Tbilisi.

GARDINER, Alan H. 1932. *The theory of speech and language.* Oxford.

GARDNER, Faith F. 1971. *An analysis of syntactic patterns of Old English.* Den Haag.

GECKELER, Horst. 1971. *Strukturelle Semantik und Wortfeldtheorie.* München.

— 1973. *Strukturelle Semantik des Französischen.* Tübingen.

— v. aussi E. COSERIU.

GEORGIEV, Vladimir. 1941–1945. *Vorgriechische Sprachwissenschaft.* Sofia.

GLINZ, Hans. 1947. *Geschichte und Kritik der Lehre von den Satzgliedern in der deutschen Grammatik.* (Thèse) Bern.

— 1952. *Die innere Form des Deutschen. Eine neue deutsche Grammatik.* Bern.

— 1957. *Der deutsche Satz. Wortarten und Satzglieder wissenschaftlich gefaßt und dichterisch gedeutet.* Düsseldorf.

GODEL, Robert. 1953. La question des signes zéro. *CFS* 11, 31–41.

GORALČÍKOVÁ, Alla. v. P. SGALL.

GORDON, Cyrus H. 1940. *Ugaritic grammar. The present status of the linguistic study of the Semitic alphabetic texts of Ras-Shamra.* Rome.

GOUGENHEIM, Georges. 1946. c.-r. de M.A. Pei, *The Italian Language. BSL* 43/2, 75–77.

— 1953. c.-r. de R.-L. Wagner, *Grammaire et philologie. BSL* 49/2, 74–75.

GREENBAUM, Sidney. v. R. QUIRK.

GREIMAS, Algirdas J. 1966. *Sémantique structurale. Recherche de méthode*. Paris.

DE GROOT, Casper. v. A.M. BOLKESTEIN.

GUILLAUME, Gustave. 1929. *Temps et verbe. Théorie des aspects, des modes et des temps*. Paris.

— 1945. *L'architectonique du temps dans les langues classiques*. København.

— 1964. *Langage et science du langage*. Paris.

— 1971–1992. *Leçons de linguistique de G.G.* 1938–1957, publiées sous la direction de Roch Valin, Walter Hirtle et André Joly. Lille.

HAARMANN, Harald. 1976a. *Aspekte der Arealtypologie: die Problematik der europäischen Sprachbünde*. Tübingen.

— 1976b. *Grundzüge der Sprachtypologie*. Stuttgart.

HAGÈGE, Claude. 1975. c.-r. de Pottier 1974. *BSL* 70/2, 12–25.

— 1976. *La grammaire générative: réflexions critiques*. Paris.

— 1978a. Intonation, fonctions syntaxiques, chaîne-système, et universaux des langues. *BSL* 73/1, 1–48.

— 1978b. Du thème au thème en passant par le sujet: pour une théorie cyclique. *Linguistique* 14/2, 3–38.

— 1982. *La structure des langues*. Paris.

— 1986. *La langue palau. Une curiosité typologique*. München.

— 1992. Towards a socio-operative conception of linguistics. *PICL* 16, I.107–116.

— 1993. *The language builder. An essay on the human signature in linguistic morphogenesis*. Paris.

HAGÈGE, Claude – André HAUDRICOURT. 1978. *La phonologie panchronique. Comment les sons changent dans les langues*. Paris.

HAIIN, E. Adelaide. v. E. STURTEVANT.

HAJIČOVÁ, Evá. 1992. A challenge for universal grammar: valency and 'free' order in underlying structure. *PICL* 15, I.59–70.

— v. aussi P. SGALL.

HAJIČOVÁ, Eva – Petr SGALL. 1984. The ordering principle. *Journal of Pragmatics* 8, 155–167.

HALLIDAY, Michael A.K. 1976 [1970]. The form of a functional grammar. in: G.R. Kreiss (ed.), *Halliday: System and function in Langage*. London.

HAMMERICH, Louis L. 1948. *Laryngeal before sonant*. København/Heidelberg.

HAMP, Eric P. 1967. Underlying forms, basic forms, and reconstructions. *PICL* 10, I.253–256.

— 1968. Underlying forms versus historical reconstruction. *Acta Linguistica Hafniensia* XI, 239–242.

HAPP, Heinz. 1976. *Grundfragen einer Dependenz-Grammatik des Lateinischen*. Göttingen.

— v. aussi U. DÖNNGES.

HAUDRICOURT, André G. 1963. *La langue des Nénémas et des Nigoumak (Nouvelle Calédonie)*. Auckland.

— 1982. *Dictionnaire thématique des langues de la région de Hienghene (Nouvelle Calédonie): Pije, Fwai, Nemi, Jawe*. Paris.

— v. aussi Cl. HAGÈGE.

HAUDRY, Jean. 1981. *Les Indo-Européens*. Paris.

HBR v. ROSÉN, Haiim B.

HEGER, Klaus. 1971. *Monem, Wort und Satz*. Tübingen.

HEIDOLPH, Karl Erich – Walter FLÄMIG – Wolfgang MOTSCH. 1981. *Grundzüge einer deutschen Grammatik*. Berlin.

HEILMANN, Luigi. 1949. *Camito-Semitico e indoeuropeo. Teorie e orientamenti* (= Università degli studi di Bologna, Fac. di Lettere e Filosofia, Studi e Ricerche II). Bologna.

— 1977. Linguistics and humanism. in: A. Makkai et al. (edd.), 347–370.

— v. A. MAKKAI.

HEINE, Bernd – Ulrike CLAUDI – Friederike HUNNEMEYER. 1991. *Grammaticalization: a conceptual framework*. Chicago.

— 1993. *Auxiliaries: cognitive forces and grammaticalization*. New York.

— v. aussi E. TRAUGOTT.

HELBIG, Gerhard. 1970. *Geschichte der neueren Sprachwissenschaft, unter dem besonderen Aspekt der Grammatik-Theorie*. Leipzig.

— 1971. *Beiträge zur Valenztheorie*. Den Haag.

— 1982. *Valenz — Satzglieder — semantische Kasus — Satzmodelle*. Leipzig.

HELBIG, Gerhard – Wolfgang SCHENKEL. [1]1969 [[2]1973]. *Wörterbuch zur Valenz und Distribution deutscher Verben*. Leipzig.

HERINGER, Hans-Jürgen. 1970. *Theorie der deutschen Syntax*. München.

HERMAN, József. 1959. Recherches sur l'ordre des mots dans les plus anciens textes français en prose. *Acta Linguistica Academiae Scientiarum Hungaricae* 4, 69–94 [= 1990, 234–288].

— 1965. Aspects de la différenciation territoriale du latin sous l'Empire. *BSL* 60/1, 53–70 (= 1990, 10–28).

— 1988. La différenciation territoriale du latin et la formation des langues romanes. in: *Actes du XVIIe Congrès Intern. de Linguisique et Philologie Romanes*. Aix-en Provence, II.15–62 [= 1990, 62–92].

— 1990. *Du latin aux langues romanes. Études de linguistique historique*. Tübingen.

HJELMSLEV, Louis. 1935–1937. *La Catégorie des cas. Étude de grammaire générale*. København.

— 1943. *Omkring sprogteoriens grundlæggelse*. København [trad. en anglais Madison Wis. 1961].

— 1954. La stratification du langage. *Word* 10, 163–188.

— 1957. Pour une sémantique structurale. in: 1959, 96–112.

— 1958 (1957). To what extent can meaning be said to be structured? *PICL* 8, 636–654.

— 1959. *Essais linguistiques*. København.

— 1963. *Sproget*. København [trad. française: *Le langage: une introduction*. Paris 1966].

VAN HOECKE, Willy. v. P. SWIGGERS.

HOENIGSWALD, Henry M. 1944. Internal reconstruction. *Studies in Linguistics* 2, 78–87.

— 1959. Some uses of nothing (Presidential address). *Lg* 35, 409–420.

— 1960. *Language change and linguistic reconstruction*. Chicago.

— 1972. Relative chronology. Notes on so-called intermediate stages. *PICL* 11, I.369–373.

HOFMANN, Johann Baptist. [1]1936. [2]1951. *Lateinische Umgangssprache*. Heidelberg.

— 1985. *La lingua d'uso latina* [introd. et trad. Licinia Ricottilli, 2ème éd. augmentée]. Bologna.

— v. aussi A. WALDE.

HOFMANN, Johann Baptist – Anton SZANTYR. 1965. *Lateinische Syntax und Stilistik.* München.

HOLLAND, Gary B. 1986. Nominal sentences and the origin of absolute constructions in Indo-European. *KZ* 99, 163–193.

HOMBURGER, Lilias, 1939. *Études de linguistique négro-africaine.* Chartres.

HUBSCHMID, Johann. 1960. *Mediterrane Substrate, mit besonderer Berücksichtigung des Baskischen und der west-östlichen Sprachbeziehungen.* Bern.

HUNNEMEYER, Friederike v. B. HEINE.

ISAČENKO (ISSATSCHENKO), Alexander, V. 1960. La structure sémantique des temps en russe. *BSL* 55/1, 74–88.

— 1972. On be-languages and have-languages. *PICL* 11, II.71–72.

IVANOV, Vjacheslav V. v. Th.V. GAMKRELIDZE.

JAKOBSON, Roman. 1931. Über die phonologischen Sprachbünde. *Travaux du Cercle Linguistique de Prague* 4, 234–243 [= 1962, 137–143].

— 1936 [1938]. Sur la théorie des affinités phonologiques entre les langues. *PICL* 4, 48–58 [= 1962, 234-246]..

— 1949. Remaniement de 1936. in: Troubetzkoy 1949, 351–365.

— 1957. Typological studies and their contribution to historical comparative linguistics. *PICL* 8, 17–25 [= 1962, 523-532].

— 1963. Efforts towards a means-end model of language in interwar continental linguistics. in: Chr. Mohrmann, F. Norman, A. Sommerfelt (edd.), *Trends in modern linguistics.* Utrecht, 104–108.

— 1962–1971. *Selected Writings* I–II. Den Haag.

— 1967 [1969]. Linguistics in its relation to other sciences. *PICL* 10, I.75–122 [= 1971, 655-696].

— 1981. To [sic!] the history of the Moscow Linguistic Circle. in: *Logos Semantikos, Studia linguistica in honorem Eugenio Coseriu* I. 285–288.

JESPERSEN, Otto. 1909-1942. *A modern English grammar on historical principles.* Heidelberg [réimpr. København 1949].

JONES, Daniel. 1950. *The phoneme: Its nature and use.* Cambridge.

KAHN, Charles H. 1973. *The verb 'be' and its synonyms in Ancient Greek.* Dordrecht [= J.W.M. Verhaar (ed.)].

KAMMERZELL, Frank. 1996. c.-r. de Orel-Stolbova 1991. *IF* 101, 68 290.

KLUGE, Friedrich – Walter MITZKA. 1960. *Etymologisches Wörterbuch der deutschen Sprache.* Berlin.

KLUGE, Friedrich – Walter MITZKA – Elmar SEEBOLD. 1989. *Etymologisches Wörterbuch der deutschen Sprache.* Berlin.

KNOBLOCH, Johann. 1961–... . *Sprachwissenschaftliches Wörterbuch.* Heidelberg.

KOBER, Alice E. 1946. Inflection in Linear Class B: I. Declension. *AJA* 50, 268–276.

KOCH, Peter – Thomas KREFELD. 1991. *Connexiones Romanicae: Dependenz und Valenz in romanischen Sprachen.* Tübingen.

KOSCHMIEDER, Erwin. 1929. *Zeitbezug und Sprache* (= Wissenschaftliche Grundfragen. Philosophische Abhandlungen IV). Leipzig.

— 1945. *Zur Bestimmung der Funktionen grammatischer Kategorien* (= Abh. Bay. Ak. d. Wiss., Phil.-hist. Abt., NF 25). München.

KRAHE, Hans. 1954. *Sprache und Vorzeit: Europäische Vorgeschichte nach dem Zeugnis der Sprache.* Heidelberg.

— 1955. *Die Sprache der Illyrer.* Wiesbaden.

KRÁMSKÝ, Jiří. 1974. *The phoneme. Introduction to the history and the theories of a concept.* München.

KREFELD Thomas. v. P. KOCH.

KRETSCHMER, Paul. 1951. Die frühesten sprachlichen Spuren von Germanen. *KZ* 69, 1–25.

KROGMANN, Willy. 1955. Das Buchenargument. Die Grundbedeutung des Buchennamens. *KZ* 73, 1–25.

— 1960. Das Lachsargument. *KZ* 76, 161–178.

KUHN, Adalbert. 1853. Über die durch Nasale erweiterten Verbalstämme. *KZ* 2, 455–471.

KURYŁOWICZ, Jerzy. 1949a. Le système verbal du sémitique. *BSL* 45/1, 47–56.

— 1949b. La nature des procès dits «analogiques». *Acta Linguistica* 5, 15–37 [= 1960, 66–86].

— 1956. *L'apophonie en indo-européen.* Wrocław.

— 1957/58. Esquisse d'une théorie de l'apophonie en sémitique. *BSL* 53/1, 1–38.

— 1958. *L'accentuation des langues indo-européennes.* Wrocław/Kraków.

— 1960. *Esquisses linguistiques.* Wrocław/Kraków.

— 1961. *L'apophonie en sémitique.* Wrocław.

— 1964. *The inflectional categories of Indo-European.* Heidelberg.

— 1968. *Indogermanische Grammatik* II: *Akzent, Ablaut.* Heidelberg.

— 1972. *Studies in Semitic grammar and metrics.* Wrocław.

KURZOVÁ, Helena. 1981. *Der Relativsatz in den indoeuropäischen Sprachen.* Hamburg.

— 1993. *From Indo-European to Latin. The evolution of a morphosyntactic type.* Amsterdam.

KUZAR, Ron. 1996. Linguistic and political attitudes towards Israeli Hebrew: Ongoing revival vs. normalcy. in: J. Blommaert (ed.), *The politics of multilingualism and language planning* (= Antwerp papers in linguistics 87).

LAMBERTZ, Thomas. 1992. *Ausbaumodell zu Lucien Tesnières „Éléments de syntaxe structurale "* I–II. Gerbrunn b. Würzburg.

LANDSBERGER, Benno. 1926. Die Eigenbegrifflichkeit der babylonischen Welt. *Islamica* 2, 355-372 [republié avec un Nachwort dans la série «Libelli», vol. 142, Darmstadt 1965].

LAROCHE, Emmanuel. 1947. *Recherches sur les noms des dieux hittites.* Paris.

LASS, Roger. 1975. Internal reconstruction and generative phonology. *TPhS* 1975, 1–26.

LATACZ, Joachim. 1974. Klassische Philologie und moderne Linguistik. *Gymnasium* 81, 67–89.

LAZARD, Gilbert. 1978. Éléments d'une typologie des structures d'actance: structures ergatives, accusatives et autres. *BSL* 73/1, 49–84.

— 1980. c.-r. de Tchekhoff 1978 et 1979. *BSL* 75/2, 37–43.

— 1994. *L'actance.* Paris.

LEANDER, Pontus. v. H. BAUER.

LEECH, Geoffrey. v. R. QUIRK.

LEHFELDT, Werner. v. G. ALTMANN.

LEHMANN, Christian. 1979. Der Relativsatz vom Indogermanischen bis zum Italienischen – Eine Etüde in diachroner syntaktischer Typologie. *Sprache* 25, 1–25.

— 1982. *Thoughts on grammaticalization. A programmatic sketch* I (= Arbeiten des Kölner Universalienprojekts 48). Köln.

— 1984. *Der Relativsatz. Typologie seiner Strukturen, Theorie seiner Funktionen, Kompendium seiner Grammatik.* Tübingen.
— 1995. *Thoughts on grammaticalization.* München.
LEJEUNE, Michel. 1947. *Traité de phonétique grecque.* Paris.
— 1956. *Celtiberica* (= Acta Salmanticensia. Filosofía y letras VII.4). Salamanca.
— 1958. *Mémoires de philologie mycénienne.* Ière série. Paris.
— 1971. *Mémoires de philologie mycénienne.* IIème série. Roma.
— 1972. *Phonétique historique du mycénien et du grec ancien.* Paris.
— 1974a. *Manuel de la langue venète.* Heidelberg.
— 1974b. La grande inscription celtibère de Botorrita (Saragosse). *Acad. des Inscriptions et Belles-Lettres; c.-r. des séances de 1973,* 622-647.
LEMARÉCHAL, Alain. 1989. *Les parties du discours. Sémantique et syntaxe.* Paris.
LESLAU, Wolf. 1987. *Comparative dictionary of Geʿez (Classical Ethiopic).* Wiesbaden.
— 1988. *Fifty years of research. Selection of articles on Semitic, Ethiopian Semitic and Cushitic.* Wiesbaden.
LEUMANN, Manu. 1977. *Lateinische Laut- und Formenlehre* [Neuausgabe]. München.
LÉVI-STRAUSS, Claude. 1958. *Anthropologie structurale.* Paris.
LEWICKA, Halina — Krzysztof BOGACKI (edd.). 1983. *Dictionnaire sémantique et syntaxique des verbes français.* Warszawa.
LEWY, Ernst. 1942. *Der Bau der europäischen Sprachen.* Dublin.
LIEB, Hans-Heinrich (ed.). 1992. *Prospects for a new structuralism* (Current Issues in Linguistic Theory 96). Amsterdam.
LÖFSTEDT, Bengt. 1963. Zum lateinischen possessiven Dativ. *KZ* 78, 64–83.
LÖFSTEDT, Einar. 1911. *Philologischer Kommentar zur Peregrinatio Aetheriae.* Uppsala.
  ¹1928 [²1942] 1933. *Syntactica* I–II, *Studien und Beiträge zur historischen Syntax des Lateins.* Lund.
— 1959. *Late Latin.* Oslo.
LÖFSTEDT, Leena. 1981. A propos des articles et des articloïdes. in: H. Geckeler et al. (edd.), *Logos Semantikos. Studia linguistica in honorem Eugenio Coseriu* IV. Berlin/Madrid, 269–281.
LUPAŞ, Liana. 1972. *Phonologie du grec attique.* Den Haag.
LYONS, John. 1963. *Structural semantics. An analysis of part of the vocabulary of Plato.* Oxford.
— 1977. *Semantics* I–II. Cambridge [trad. française: *Élements de sémantique.* Paris 1978].
MACKENZIE, J. Lachlan. 1992. What is functional grammar? *PICL* 15, I.95–106.
— v. aussi A.M. BOLKESTEIN.
MAKKAI, Adam – Valerie BECKER-MAKKAI – Luigi HEILMANN (edd.). 1977. *Linguistics at the crossroads.* Padova.
MALKIEL, Yakov. 1976. *Etymological dictionaries. A tentative typology.* Chicago.
MALMBERG, Bertil. 1940/41. Observations sur le système vocalique du français. *Acta Linguistica* II, 232–246.
— 1959–1962. *Nya vägar inom språkforskningen.* Stockholm.
— 1969. Synchronie et diachronie. *PICL* 10, I.13–36.
— 1973. *Linguistique générale et romane.* Den Haag.
— 1983. *Analyse du langage au XXᵉ siècle.* Paris.
MAROUZEAU, Jules. 1922. *L'ordre des mots dans la phrase latine.* I. *Les groupes nominaux.* Paris.

— 1935. *L'ordre des mots dans la phrase latine*. II. *Le verbe*. Paris.
— 1949a. *L'ordre des mots dans la phrase latine*. III. *Les articulations de l'énoncé*. Paris.
— 1949b. *Quelques aspects de la formation du latin littéraire*. Paris.
— 1953. *L'ordre des mots en latin*. Volume complémentaire. Paris.
MARTINET, André. 1945a. c.-r. de Guillaume 1929. *BSL* 42/2, 42–44.
— 1945b. c.-r. de Hjelmslev 1943. *BSL* 42, 19–42.
— 1946. Au sujet des *Fondements de la théorie linguistique* de Louis Hjelmslev. *BSL* 42/1, 19–42.
— 1949a. *Phonology as functional phonetics*. London.
— 1949b. La double articulation linguistique. in: *Recherches structurales. Interventions dans le débat glossématique publiées à l'occasion du cinquantenaire de M. Louis Hjelmslev* (= Travaux du Cercle Linguistique de Copenhague 5), 30–37.
— 1953. Non-apophonic o-vocalism in Indo-European. *Word* 9, 253–267.
— 1955. *Économie des changements phonétiques*. Bern.
— 1957/58. Substance phonique et traits distinctifs. *BSL* 53/1, 72–85.
MATHESIUS, Villém. 1929. On linguistic characterology with illustrations from Modern English. *PICL* 1, 56–63.
MATTHEWS, Peter H. 1972a. *Inflectional morphology. A theoretical study based on aspects of Latin verb conjugation*. Cambridge.
— 1972b. Some reflections on Latin morphophonology. *TPhS* 1972, 59–78.
— 1974. *Morphology. An introduction to the theory of word-structure*. Cambridge.
MATTHIAE, Paolo. 1977. *Ebla: un imperio ritrovato*. Torino.
MAYER, Anton. 1957–1959. *Die Sprache der alten Illyrer* II. *Etymologisches Wörterbuch des Illyrischen. Grammatik der illyrischen Sprache*. Wien.
MAYRHOFER, Manfred. 1956–1980. *Kurzgefaßtes etymologisches Wörterbuch des Altindischen*. Heidelberg.
— 1966. *Die Indo-Arier im alten Vorderasien*. Wiesbaden.
— 1974. *Die Arier im vorderen Orient, ein Mythos?* (= Sitzb. Öst. Akad. d. Wiss. phil.-hist. Kl. 294/3). Wien.
— 1980. *Zur Gestaltung des etymologischen Wörterbuches einer „Großcorpus-Sprache"* (= Sitzb. Öst. Akad. d. Wiss. phil.-hist. Kl. 368). Wien.
— 1981. *Nach hundert Jahren: Ferdinand de Saussures Frühwerk und seine Rezeption durch die heutige Indogermanistik*. Heidelberg.
— 1986–1995. *Etymologisches Wörterbuch des Altindoarischen*. Heidelberg.
— 1986. *Indogermanische Grammatik* I.2. *Halbband: Lautlehre*. Heidelberg.
MEID, Wolfgang. 1975. Probleme der räumlichen und zeitlichen Gliederung des Indogermanischen. in: H. Rix (ed.), *Flexion und Wortbildung*. Wiesbaden, 204–219.
— 1980. *Gallisch oder Lateinisch? Soziolinguistische und andere Bemerkungen zu populären gallo-lateinischen Inschriften*. Innsbruck.
— 1984. Bemerkungen zum Verhältnis von genetischer und typologischer Sprachbetrachtung. in: A. Bernabé (ed.), *Athlon. Satura grammatica in honorem … Adrados*. Madrid, I. 323-324.
— 1987. Zur Vorstellungswelt der Indogermanen anhand des Wortschatzes. in: W. Meid (ed.), 155–166.
— 1990. *Formen dichterischer Sprache im Keltischen und Germanischen*. Innsbruck.

— 1994. *Celtiberian Inscriptions*. Budapest.

— (ed.). 1987. *Studien zum indogermanischen Wortschatz*. Innsbruck.

MEILLET, Antoine. 1923. *Les origines indo-européennes des mètres grecs*. Paris.

— 1924. *La méthode comparative en linguistique historique*. Paris.

MEILLET, Antoine. v. aussi A. ERNOUT.

MEL'ČUK, Igor A. — Alexander A. ŽOLKOVSKIJ. 1984. *Толково-комбинаторный словарь современного русского языка*. Wien.

MERAD, Ghani. v. M. BERG.

MIGRON, Saul. 1985. *The Rgvedic stanza as a syntactical unit. A study of selected trimeter passages*. (thèse Jerusalem).

MILLER, Jim. 1985. *Semantics and syntax. Parallels and connections*. Cambridge.

MIRAMBEL, André. 1949. *Grammaire du grec moderne*. Paris.

— 1959. *La langue grecque moderne: description et analyse*. Paris.

MITZKA, Walter. v. Fr. KLUGE.

MOSCATI, Sabatino. 1954. *Il sistema consonantico delle lingue semitiche*. Roma.

— 1969. *An introduction to the comparative grammar of the Semitic languages. Phonology and morphology*. Wiesbaden.

MOSSÉ, Fernand. 1942–1945. c.-r. de Jespersen (1909–)1940, 1942. *BSL* 42/2, 143–146.

— 1949. c.-r. de Fourquet 1948. *BSL* 45/2, 164–168.

MOTSCH, Wolfgang. 1967. Können attributive Adjektive durch Transformationen erklärt werden? *FoL* 1, 23–48.

— v. aussi K.E. HEIDOLPH.

NAGY, Gregory. 1974. *Comparative studies in Greek and Indic meter*. Cambridge, Mass.

NEBESKÝ, Ladislav. v. P. SGALL.

NOVÁK, Pavel. 1974. Remarks on the devices of functional sentence perspective. in: F. Daneš (ed.), 175–178.

OREL, Vladimir E. – Olga V. STOLBOVA. 1991. *Hamito-Semitic etymological Dictionary. Materials for a reconstruction*. Leiden/Köln.

PALMER, Frank R. 1958. Comparative statement and Ethiopic Semitic. *TPhS* 1958, 119–143.

PALMER, Leonard R. 1948. The Homeric and the Indo-European house. *TPhS* 1948, 92–120.

— 1954. *The Latin language*. London.

— 1980. *The Greek language*. London.

PEDERSEN, Holger. 1924. *Sprogvidenskaben i det Nittende Aarhundrede* [Engl. transl. *The discovery of language. Linguistic science in the nineteenth century*. Bloomingon 1962]. København.

— 1938. *Hittitisch und die anderen indoeuropäischen Sprachen*. København.

— 1941. *Tocharisch vom Gesichtspunkt der indoeuropäischen Sprachvergleichung*. København.

PELLEGRINI, Giovanni B. – Aldo L. PROSDOCIMI. 1967. *La lingua venetica*. Padua.

PERROT, Jean. 1970. Remarques sur la notion de sujet. in: *Mélanges Marcel Cohen*. Den Haag, 107–112.

— 1978a. Fonctions syntaxiques, énonciation, information. *BSL* 73/1, 85–101.

— 1978b. Ordre des mots et structures linguistiques. *Langages* 50, 17–26.

— 1984a. Benveniste et les courants linguistiques de son temps. in: G. Serbat (ed.), I.13–33.

— 1984b. Morphologie verbale et nominale et structure de l'énoncé dans le développement historique des langues ouraliennes. *Travaux du Cercle linguistique d'Aix-en-Provence* 6, 203–221.
— 1987. Morphosyntaxe, sémantique, information. in: *Études ... offertes à Guy Serbat*. Paris, 233–238.
— 1994a. Éléments pour une typologie des structures informatives. in: *La phrase: énonciation et information* (= *MSL* NS. II), 13–26.
— 1994b. Personne et syntaxe: faits ougriens. in: *La personne* (= Faits de langues 3), 67–78.
— 1997. Aspects de la reconstruction en finno-ougrien: morphosyntaxe de l'actance. in: *Grammaticalisation et reconstruction* (= *MSL* nlle série V), 125–150.
— 1998. Visée communicative. in: J. Feuillet (ed.), 607–661.
PETTINATO, Giovanni. 1981. *The archives of Ebla: an empire inscribed in clay*. With an afterword by Mitchell Dahood. Garden City, N.Y.
PFEIFFER, Oskar. v. W.U. Dressler.
PINKSTER, Harm. 1984. *Latijnse Syntaxis en Semantiek*. Amsterdam.
— 1988. *Lateinische Syntax und Semantik* [version amplifiée de 1984, trad. F. Heberlein, Th. Lambertz].
PISANI, Vittore. ^{1}1947 [^{2}1967]. *L'etimologia*: *Storia — Questioni — Metodo* Torino [Brescia]. [trad. all. München 1975].
POKORNY, Julius. ^{1}1959 [^{2}1974]. *Indogermanisches etymologisches Wörterbuch*. Bern [Stuttgart].
POLAŃSKI, Kazimierz. 1980. *Słownik syntaktyczno-generatywny czasowników polskich*. Wrocław.
POLOMÉ, Edgar. 1987. Der indogermanische Wortschatz auf dem Gebiete der Religion. in: W. Meid (ed.), 201–218.
POLOTSKY, Hans Jakob. 1944. *Études de syntaxe copte*. Le Caire [= 1971, 102–207].
— 1960. The Coptic conjugation system. *Orientalia* 29, 392–422 [= 1971, 238–268].
— 1961. Zur koptischen Wortstellung, *Orientalia* 30, 294–313 (= 1971, 398–417).
— 1964. Egyptian. in: *The World History of the Jewish people*. Tel-Aviv, I.§1–§134, 359–363 [= 1971, 320–338].
— 1971. *Collected Papers*. Jerusalem.
— 1979. Verbs with two objects in Modern Syriac (Urmi). *Israel Oriental Studies* 9, 204–227.
— 1987–1990. *Grundlagen des koptischen Satzbaus* I-II. Decatur–Atlanta.
POTTIER, Bernard. 1974. *Linguistique générale. Théorie et description*. Paris.
— 1977. *Lingüística general. Teoría y descripción*. Madrid.
— 1992. *Sémantique générale*. Paris.
POUCHA, P. 1944. Die synchronische Stellung des Tocharischen und die Frage nach der idg. Heimat. *KZ* 68, 83–98.
PROSDOCIMI, Aldo L. 1977. Diachrony and reconstruction: 'genera proxima' and 'differentia specifica'. *PICL* 12, 84–98.
— v. aussi G.B. PELLEGRINI.
PUHVEL, Jaan. 1984. *Hittite etymological dictionary*. Berlin.
QUIRK, Randolph – Sidney GREENBAUM – Geoffrey LEECH – Jan SVARTVIK. 1985. *A comprehensive grammar of the English Language*. London.
RAMAT, Paolo. 1977. Ricostruzione e tipologia linguistiche. in: R. Simone, U. Vignuzzi (edd.), 19–34.
— 1984. *Linguistica tipologica*. Bologna.

— 1995. Typological comparison: towards a historical perspective. in: M. Shibatani, Th. Bynon (edd.), 27–48.

RICHTER, Wolfgang. 1978. *Grundlagen einer althebräischen Grammatik A. Grundfragen einer sprachwissenschaftlichen Grammatik B. Die Beschreibungsebenen: I. Das Wort (Morphologie).* St. Ottilien.

— 1980. *Grundlagen einer althebräischen Grammatik B. Die Beschreibungsebenen: III. Der Satz.* St. Ottilien.

— 1985. *Untersuchungen zur Valenz althebräischer Verben, 1.'rk.* St. Ottilien.

RICOTTILLI, Licinia. v. J.B. HOFMANN.

RISCH, Ernst. 1987. Die ältesten Zeugnisse für κλέος ἄφθιτον. *KZ* 100, 3–11.

ROBINS, Robert H.R. 1961. John Rupert FIRTH. *Lg* 37, 191–200.

— 1973. *Ideen- und Problemgeschichte der Sprachwissenschaft, mit besonderer Berücksichtigung des 19. und 20. Jahrhunderts.* Frankfurt/M.

ROSÉN, Haiim B. 1952. Remarques descriptives sur le parler hébreu-israélien moderne. *GLECS* 6, 4–7 [= 1984a, 26–29].

— 1955a. *Ha-'ivrit šelánu. Dmuta be-'or šitot ha-balšanut.* Tel-Aviv.

— 1955b. Dikduk ha-'ivrit ha-yisre'elit. c.-r. de R.W. Weiman 1950, Native and foreign elements in a language. A study in general linguistics applied to modern Hebrew. *Tarbiz* 24, 234–247 [= 1984a, 11–25].

— 1957. Die 'zweiten' Tempora des Griechischen: Zum Prädikatsausdruck beim griechischen Verbum. *MH* 14, 133–154 [= 1982, 303–324].

— 1957/58. Sur quelques catégories à expression adnominale en hébreu israélien. *BSL* 53/1, 316–344 [= 1984a, 41–69].

— [1]1958 [[2]1967]. *'ivrit tova. 'iyunim be-taxbir.* Jerusalem.

— 1959a. Die Ausdrucksform für „veräusserlichen" und „unveräusserlichen" Besitz im Griechischen. Zum Funktionsfeld von homer. φίλος. *Lingua* 8, 264–293 [= 1982, 325–354].

— 1959b. Zur Vorgeschichte des Relativsatzes im Nordwestsemitischen. *AO* 27, 186–198 [= 1984a, 309–321].

— 1961. On the use of the tenses in the Aramaic of Daniel. *JSS* 6, 183–204 [= 1984a, 285–305].

— 1962. *Eine Laut- und Formenlehre der herodotischen Sprachform.* Heidelberg.

— [1]1968, [[2]1984]. *Strukturalgrammatische Beiträge zum Verständnis Homers.* [1]Amsterdam [[2]München].

— 1969. *Uterum dolet* und Verwandtes. Zu einigen übersehenen frühlateinischen Zeugnissen impersonaler oder intransitiver Verbalkonstruktion. *FoL* 4, 135–147 [= 1982, 254–266].

— 1970a. Les succéssivités. in: *Mélanges Marcel Cohen.* Den Haag, 113–129 [= 1982, 56–72].

— 1970b. Some aspects of Homeric Greek accent in Indo-European view. in: *PICL* 10, IV.33–43 [= 1982, 362–372].

— 1973. Satzbau und Augmentloses historisches Tempus im homerischen Tatsachenbericht. *FoL* 6, 315–330 [= 1982, 373–388].

— 1975. Gedanken zur Geschichte des griechischen Satzbaus. *Sprache* 21, 23–36 [= 1982, 389–402].

— 1977. *Contemporary Hebrew.* Den Haag.

— 1978a. Sur quelques types de prédication en indo-européen ancien. in: *Étrennes de septantaine offertes à Michel Lejeune.* Paris, 217–222 [= 1982, 77–82].

— 1978b. Reflexes of extinct phonemes in Semitic. *BSOAS* 11, 443–452 [= 1984a, 339–348].
— 1982. *East and West. Selected writings in linguistics* I: General and Indo-European linguistics. München.
— 1984a. *East and West. Selected writings in linguistics* II: Hebrew and Semitic linguistics. München.
— 1984b. c.-r. de Y. Arbeitman, A.R. Bomhard (edd.), Bono homini donum. Essays in historical linguistics in memory of J.A. Kerns. *BSL* 79/2, 76–91 [= 1994a, 87–102].
— 1985. Kavim le-toldot ma'aréxet zmaney ha-pó'al ha-'ivrit. *Language Studies* 1, 287–293 [= 1994a, 410–417].
— 1986a. Les lois synchroniques et les lois diachroniques dans le *Cours* de Saussure. *CFdS* 40, 91–103 [= 1994a, 17–29].
— 1986b. On some nominal morphological categories in Biblical Hebrew. in: *On the dignity of man* (Fs. Frithiof Rundgren = *Orientalia Suecana* 33–35, 355–365) [= 1994a, 418–428].
— 1987a. Rhème et non-rhème: entités de langue. Pour une typologie des moyens d'expression formels. *BSL* 82/1, 135–162 [= 1994a, 113–140].
— 1987b. Some more noteworthy features of 'primitive' Indo-European syntax. *JIES* 15, 62–75 [=1994a, 174–187].
— 1988. *Early Greek grammar and thought in Heraclitus. The emergence of the article* (= Proc. Israel Acad. of Arts and Sciences VII/2). Jerusalem.
— 1989. Nouveaux regards sur l'expression poétique d'Homère. *RÉG* 102, 263–283 [= 1994a, 259–279].
— 1992. La structure de l'énoncé poétique d'Homère: rythme tonique et rythme syntaxique. in: *LALIES* 10, 329–343 [= 1994a, 286–300].
— 1993a. *Die Periphrase*: *Wesen und Entstehung.* Innsbruck.
— 1993b. He'arot le-dikduk ha-pó'al ba-'ivrit ha-mikra'it. in: *Xikre 'éver ve-'arav* (Fs. J. Blau), 507–513 [= 1994a, 442–449].
— 1994a. *Selected writings in linguistics. East and West* III. München.
— 1994b. *Is a comparative Indo-European syntax possible?* Innsbruck.
— 1994c. Constituants pluricomponentiels et caractérisation de la fonction énonciative. in: *La phrase*: *énonciation et information* (= *MSL* nlle série II), 53–74.
— 1997. 'al xevra, tarbut ve-'intellekt 'enoši ve-'al mivne lšonot bi-r'iyat ha-strukturalizm 'al šne panav (= Proc. Israel Acad. of Arts and Sciences VIII/5). Jerusalem.
— v. aussi Hannah ROSÉN.
ROSÉN, Hannah. 1978. c.-r. de Happ 1976. *BSL* 73/2, 171–178.
— 1980. 'Exposition und Mitteilung'. The imperfect as a thematic tense-form in the letters of Pliny. in: H. Rosén, H.B. Rosén.
— 1981. *Studies in the syntax of the verbal noun in early Latin.* München.
— 1994. The definite article in the making, nominal constituent order and related phenomena. in: J. Herman (ed.), *Linguistic studies on Latin. Selected papers from the 6th internat. Colloquium on Latin Linguistics, Budapest 1991.* Amsterdam, 129–150.
ROSÉN, Hannah – Haiim B. ROSÉN. 1980. *On moods and tenses of the Latin verb.* München.
ROTHENBERG, Mira. 1971. Les propositions relatives à antécédent explicite introduites par des présentatifs. *Études de linguistique appliquée, nlle série* 2 (*Hommage à René Michéa*), 102–117.

— 1974. *Les verbes à la fois transitifs et intransitifs en français contemporain*. Den Haag.

— 1979. Les propositions relatives prédicatives et attributives: problème de linguistique française. *BSL* 74/1, 351–395.

RUNDGREN, Frithiof. 1961. *Das althebräische Verbum: Abriß der Aspektlehre*. Stockholm.

— 1963. *Erneuerung des Verbalaspekts im Semitischen; funktionell-diachronische Studien zur semitischen Verblehre*. Uppsala.

SAUVAGEOT, Aurélien. 1946. *Esquisse de la langue finnoise*. Paris.

— 1951. *Esquisse de la langue hongroise*. Paris.

— 1959. c.-r. de W. Steinitz 1956/57. *BSL* 54/2, 317–318.

SAWICKI, Lea. 1988. *Verb-valency in contemporary Polish: A study of the major valency types*. Tübingen.

SCARDIGLI, Piergiuseppe. 1964. *Lingua e storia dei Goti*. Firenze.

SCHENKEL, Wolfgang. v. G. HELBIG.

SCHLERATH, Bernfried. 1973. *Die Indogermanen. Das Problem der Expansion eines Volkes im Lichte seiner sozialen Struktur*. Innsbruck.

— 1987. Können wir die indogermanische Sozialstruktur rekonstruieren? Methodologische Erwägungen. in: W. Meid (ed.), 249–264.

— 1995–1996. Georges Dumézil und die Rekonstruktion der indogermanischen Kultur. I. Teil. *Kratylos* 40, 1–48, II. Teil. *Kratylos* 41, 1–67.

SCHMID, Wolfgang P. 1986. Eine revidierte Skizze einer allgemeinen Theorie der Wortarten. in: P. Swiggers, W. van Hoecke (edd.), 85–99.

SCHMIDT, Karl Horst. 1962. *Studien zur Rekonstruktion des Lautstandes der südkaukasischen Grundsprache*. Wiesbaden.

— 1977. *Die festlandkeltischen Sprachen*. Innsbruck.

— 1983. Keltisch-lateinische Sprachkontakte im römischen Gallien der Kaiserzeit. in: W. Haase – H. Temporini (edd.), *Aufstieg und Niedergang der römischen Welt* II 29.1, 988–1018.

— 1989. Die kartvelischen Sprachen genetisch und typologisch gesehen. *KZ* 102, 245–258.

SCHMIDT, Siegfried J. 1973. *Texttheorie. Probleme einer Linguistik der sprachlichen Kommunikation*. München.

SCHMITT, Rüdiger. 1967. *Dichtung und Dichtersprache in indogermanischer Zeit*. Wiesbaden.

— (ed.). 1968. *Indogermanische Dichtersprache*. Darmstadt.

SCHMITT-BRANDT, Robert. 1966. Die Beziehung zwischen Morphem und Funktion als Kriterium einer Sprachtypologie. *KZ* 80, 212–247.

SCHWYZER, Eduard – Albert DEBRUNNER. 1950. *Griechische Grammatik* II: *Syntax und syntaktische Stilistik*. München.

SEARLE, John R. 1969. *Speech acts. An essay in the philosophy of language*. Cambridge.

SEBEOK, Thomas A. (ed.). 1972. *Linguistics in Western Europe* (= Current Trends in Linguistics IX). Den Haag.

SEEBOLD, Elmar. 1976/77. Internal reconstruction of proto-languages. *TPhS* 1976/77, 51–65.

— v. aussi Fr. KLUGE.

SEILER, Hansjakob. 1947. *Geschichte und Kritik der Lehre von den Satzgliedern in der deutschen Grammatik*. (thèse) Bern.

— 1960. *Relativsatz, Attribut und Apposition*. Wiesbaden.

— 1968. Zur Erforschung des lexikalischen Feldes. in: *Sprachnorm, Sprachpflege, Sprachkritik* (= Sprache der Gegenwart II). Düsseldorf, 268–286.
— 1972. Universals of language. *Leuvense Bijdragen* 61, 371–393.
— 1983. *Possession as an operational dimension of language*. Tübingen.
— 1993. Der UNITYP-Ansatz zur Universalienforschung und Typologie. *Sprachtypologie und Universalienforschung* 46/3, 163–186.
— 1995. Cognitive-conceptual structure and linguistic encoding: Language universals and typology in the UNITYP framework. in: M. Shibatani, Th. Bynon (edd.), 273–325.
SERBAT, Guy. 1981. *Cas et fonctions. Étude des principales doctrines casuelles du Moyen Âge à nos jours*. Paris.
— (éd.). 1984. *É. Benveniste aujourd'hui*. Louvain.
SGALL, Petr (ed.). 1984. *Contributions to functional syntax, semantics and language*. Amsterdam.
— 1995. Prague School typology. in: M. Shibatani, Th. Bynon (edd.), 49–84.
— v. aussi E. HAJIČOVÁ.
SGALL, Petr – Ladislav NEBESKÝ – Alla GORALČÍKOVÁ – Eva HAJIČOVÁ. 1969. *A functional approach to syntax in generative description of language*. New York.
SHIBATANI, Masayoshi – Theodora BYNON. 1995. Approaches to language typology: A conspectus. in: M. Shibatani, Th. Bynon (edd.), 1–26.
— (edd.). 1995. *Approaches to language typology*. Oxford.
SIEWIERSKA, Anna (ed.). 1998. *Constituent order in the languages of Europe*. Berlin/New York.
SIMONE, Raffaele – Ugo VIGNUZZI (edd.). 1977. *Problemi della ricostruzione in linguistica, Atti del Convegno Internazionale di Studi, Pavia 1975*. Roma.
SKALIČKA, V. 1966. Ein „typologisches Konstrukt". *TLP* 2, 157–163.
— 1967. Sprachtypologie und Sprachentwicklung. in: *To honor Roman Jakobson* III. 1827–1831. Den Haag.
SŁAWSKI, Franciszek. 1964. *Słownik etymologiczny języka polskiego*. Kraków.
SOMMERFELT, Alf. 1938. *La langue et la société: caractères sociaux d'une langue de type archaïque*. Oslo.
— 1962. *Diachronic and synchronic aspects of language*. Den Haag.
SPANG-HANSSEN, Ebbe. v. M. BERG.
SPANG-HANSSEN, Henning. 1961. Glossematics. in: *Trends in European and American linguistics 1930–1960*. Utrecht, 128–164.
SPECHT, Franz. 1944/47a. Zur Bedeutung des Ariernamen [sic!]. *KZ* 68, 42–51.
— 1944/47b. Zur idg. Sprache und Kultur II. *KZ* 68, 191–200.
STAMMERJOHANN, Harro. 1975. *Handbuch der Linguistik. Allgemeine und angewandte Sprachwissenschaft*. Darmstadt.
STEGER, Hugo (ed.). 1970. *Vorschläge für eine strukturale Grammatik des Deutschen*. Darmstadt.
STEINITZ, Renate. 1959. *Über die grammatische Einteilung von Adjektiv und Adverb* (Thèse Leipzig).
— 1969. *Adverbial-Syntax*. Berlin.
STEINITZ, Wolfgang. 1956/57. A finnugor rokonsági elnevezések rendszere. *MTAK* X, 321–334.
STERN, Naftali. 1994. *Milon ha-poal* (thèse Tel-Aviv). Ramat-Gan.
STOLBOVA, Olga V. v. V.E. OREL.

STRUNK, Klaus. 1968. Zeit und Tempus in altidg. Sprachen. *IF* 73, 279–311.
— 1969. Besprochene und erzählte Welt im Lateinischen? *Gymnasium* 76, 289–310.
— 1977. Heterogene Entsprechungen zwischen indogermanischen Sprachen. *KZ* 91, 11–36, 1–10.
STURTEVANT, Edgar. 1942. *The Indo-Hittite laryngeals.* Baltimore.
STURTEVANT, Edgar – E. Adelaide HAHN. 1951. *A comparative grammar of the Hittite language.* New Haven.
SVARTVIK, Jan. v. R. QUIRK.
SWADESH, Morris. 1952. Lexicostatistic dating of prehistoric ethnic contacts. *Proc. Am. Philos. Soc.* 96, 552–463.
SWIGGERS, Pierre. 1989. Towards a characterization of the Proto-Indo-European sound system. in: Th. Vennemann (ed.), 177–208.
SWIGGERS, Pierre – Willy VAN HOECKE (edd.). 1986. *Mots et parties de discours.* Leuven.
SZANTYR, Anton. v. J.B. HOFMANN.
SZEMERÉNYI, Oswald. 1967. The new look of Indo-European: Reconstruction and typology. *Phonetica* 17, 65–99.
— 1971. *Richtungen der modernen Sprachwissenschaft. I. Von Saussure bis Bloomfield. 1916–1950.* Heidelberg.
— 1972. Comparative linguistics. in: Th.A. Sebeok (ed.), 119–177.
— 1973. La théorie des laryngales de Saussure à Kuryłowicz et à Benveniste. Essai de réévaluation. *BSL* 68/1, 1–25.
— 1982. *Richtungen der modernen Sprachwissenschaft II: Die Fünfzigerjahre (1950–1960).* Heidelberg.
TAILLARDAT, Jean. 1984. La théorie benvenistienne de la racine: quelques faits grecs. in: G. Serbat (éd.), II.175–182.
TAILLEUR, Olivier Guy. 1961. Sur une explication de l'aïnou par l'indo-européen. *KZ* 77, 1–30.
TCHEKHOFF, Claude. 1978. *Aux fondements de la syntaxe: L'ergatif.* Paris.
— 1979. *La construction ergative en avar et en tongien.* Paris.
TEODORSSON, Sven-Tage. 1974. *The phonemic system of the Attic dialect 400–300 b.C.* Göteborg.
TESNIÈRE, Lucien Valérius. 1953. *Esquisse d'une syntaxe structurale.* Paris.
— 1959. *Éléments de syntaxe structurale.* Paris.
THIEME, Paul. 1951. Der Lachs in Indien. *KZ* 69, 209–216.
— 1963. Jungfrauengatte. *KZ* 78, 161–241.
THORNE, James Peter. 1964. Grammars and machines. *TPhS* 1964, 30–45.
THRANE, Torben et al. (edd.). 1980. *Typology and genetics of language. Proc. of the Rask-Hjelmslev Symposium, Copenhagen 1979* (= Travaux du Cercle Linguistique de Copenhague 20). København.
TOBIN, Yishai. 1988. *The Prague school and its legacy.* Amsterdam.
— 1989. *From sign to text.* Amsterdam.
— 1994. *Invariance, markedness and distinctive feature analysis.* Amsterdam.
TOGEBY, Knud. 1951. *Structure immanente de la langue française.* København.
— 1952. Le faible rendement des oppositions phonologiques et grammaticales en français. *BSL* 48/1, 33–39.
— 1965. *Fransk grammatik.* København.
TOMAN, Jindřich. 1995. *The magic of a common language. Jakobson, Mathesius, Trubetzkoy, and the Prague Linguistic Cercle.* Cambridge, Mass.

TOURATIER, Christian. 1980. *La relative. Essai de théorie syntaxique, à partir de faits latins, français, allemands, anglais, grecs, hébreux etc.* Paris.
— 1994. *Syntaxe latine.* Louvain-la-Neuve.
TOVAR, Antonio. 1955–56. La inscripción grande de Peñalba de Villastar y la lengua celtibérica. *Ampurias* 17–18, 159–169.
— 1961. *The ancient languages of Spain and Portugal.* New York.
— 1973. *Sprachen und Inschriften. Studien zum Mykenischen, Lateinischen und Hispanokeltischen.* Amsterdam.
TRAUGOTT, Elizabeth Closs – Bernd HEINE (edd.) 1991. *Approaches to grammaticalization* I–II. Amsterdam.
TRIER, Jost. 1931. *Der deutsche Wortschatz im Sinnbezirk des Verstandes. Die Geschichte eines sprachlichen Feldes.* Heidelberg.
TROUBETZKOY v. TRUBETZKOY
TRUBETZKOY (TROUBETZKOY), Nikolai S. 1939a. *Grundzüge der Phonologie.* Praha.
— 1939b. Gedanken über das Indogermanenproblem. *Acta Linguistica Hafniensia* 1, 81–89.
— 1949. *Principes de phonologie* [= trad. de 1939a par J. Cantineau]. Paris.
UHLENBECK, Eugenius M. 1973(?). *Critical comments on transformational-generative grammar 1962–1972.* Haag.
ULDALL, H.J. 1957. *Outline of glossematics. A study in the methodology of the humanities with special reference to linguistics. Part I: General theory.* København.
ULLENDORFF, Edward. 1955. *The Semitic languages of Ethiopia. A comparative phonology.* London.
— 1958. What is a Semitic language? *Orientalia* 27/1, 66–75.
ULLMANN, Stephen. 1957. *The principles of semantics.* New York.
— 1962. *Semantics. An introduction to the science of meaning.* Oxford.
— 1972. Semantics. in: Th.A. Sebeok (ed.), 343–383.
UNTERMANN, Jürgen. 1961. *Sprachräume und Sprachbewegungen im vorrömischen Hispanien.* Wiesbaden.
— 1975. Etymologie und Wortgeschichte. in: H. Seiler (ed.), *Linguistic workshop* III. München, 93–116.
— 1987. Lusitanisch, Keltiberisch, Keltisch. in: *Studia palaeohispanica. Actas del IV Coloquio sobre lenguas y culturas paleohispánicas,* 57–76.
VACHEK, Josef. 1979. The heritage of the Prague school to modern linguistic research. *Zeitschrift für Anglistik und Amerikanistik* 27, 52–61 [repr. in: J. Vachek, L. Dušková (edd.), *Praguiana. Some basic and less known aspects of the Prague linguistic school.* Amsterdam 1983, 255–274].
— 1995. Three decades of further development of the pre-war Praguian linguistic traditions (1960–1990). in: W. Winter (ed.), 267–272.
VALIN, Roch. v. G. GUILLAUME.
VALIN, Roch et al. (edd.). 1971–1992. *Leçons de linguistique de Gustave Guillaume 1938–1957.* Québec/Lille.
VASMER, Max. 1950–1958. *Russisches etymologisches Wörterbuch.* Heidelberg.
VENDRYES, Joseph. 1921. *Le langage.* Paris.
— 1950. c.-r. de Sauvageot 1946. *BSL* 44/2, 194–196.
— 1953. Pour une étymologie statique. *BSL* 49/1, 1–19.
— 1959–… . *Lexique étymologique de l'irlandais ancien.* Dublin/Paris.

VENNEMANN, Theo (ed.). 1989. *The new sound of Indo-European. Essays in phonological reconstruction.* Berlin.

VENTRIS, Michael – John CHADWICK. 1953. Evidence for Greek dialect in the Mycenaean archives. *JHS* 73, 537–568.

— 1956. *Documents in Mycenaean Greek.* Cambridge.

VERHAAR, John W.M. (ed.). 1967. *The verb 'be' and its synonyms. Philosophical and grammatical studies.* Dordrecht.

VIGNUZZI, Ugo. v. R. SIMONE.

WAGNER, Robert-Léon. 1950. c.-r. de Martinet 1949a. *BSL* 46/2: 47–48.

— 1953. c.-r. de Tesnière 1953. *BSL* 49/2, 76–77.

— 1974. c.-r. de Geckeler 1973. *BSL* 69/2, 209–211.

WALDE, Alois – Johann Baptist HOFMANN. 1938–1952. *Lateinisches etymologisches Wörterbuch*[3].

VON WARTBURG, Walther. 1928–1966. *Französisches etymologisches Wörterbuch* I–XVII. Bonn.

WATKINS, Calvert. 1969. *Indogermanische Grammatik* III *Formenlehre*: I. *Geschichte der indogermanischen Verbalflexion.* Heidelberg.

— 1994. *Selected writings.* II: *Culture and poetics.* Innsbruck.

WEIL, Henri. 1844. *De l'ordre des mots dans les langues classiques comparées aux langues modernes. Question de grammaire générale.* Paris.

WEINREICH, Uriel. 1953. *Languages in contact: Findings and problems.* Den Haag.

WEINRICH, Harald. [1]1961 [[2]1971]. *Tempus. Besprochene und erzählte Welt.* Stuttgart.

— 1966. Die lateinische Sprache zwischen Logik und Linguistik. *Gymnasium* 73, 147–163.

WEINRICH, Harald et al. 1993. *Textgrammatik der deutschen Sprache.* Mannheim.

WEISGERBER, Leo. 1973. *Zweimal Sprache.* Düsseldorf.

WILMET, Marc. 1972. *Gustave Guillaume et son École linguistique.* Paris/Bruxelles.

VAN WINDEKENS, Albert J. 1952. *Le pélasgique. Essai sur une langue indo-européenne pré-hellénique.* Louvain.

— 1960. *Études pélasgiques.* Louvain.

— 1976. *Le tokharien confronté avec les autres langues indo-européennes.* Louvain.

WINTER, Werner. 1965. Transforms without kernels. *Lg* 41, 484–489.

— (ed.). 1995. *On languages and language — The presidential addresses of the 1991 meeting of the Societas Linguistica Europaea.* Berlin.

ZGUSTA, Ladislav. 1965. Die indogermanischen Laryngalen und die Lautgesetze. *AO* 33, 639–643.

— (ed.). 1980. *Theory and methods in lexicography. Western and non-Western perspectives.* Columbia, S.C.

ZGUSTA, Ladislav et al. 1971. *Manual of lexicography.* Praha/Den Haag.

ŽOLKOVSKIJ, Alexander A. v. I. A. MEL'ČUK

ZOLLI, Paolo. v. M. CORTELAZZO.

INDEX

signe 43, 59–60
— dualité du 59, 60
— (non) marqué 43
signe zéro 27
signication
— de base 68
— et intention 44
— et référence 44
social 24–25, 44–46
— et individuel 24
Societas Linguistica Europaea 35, 36
Société de Linguistique de Paris 35
sociolinguistique 31, 45
— et sociologie 45
sociologie du langage 45
socio-opérativité 24, 45
SOV/VSO etc. 40, 57, 58, 63, 71
Sprachbund v. association linguistique
Sprachwissenschaft
— et Linguistik 15, 36–37
standardisation 34, 45
statistique
— en comparaison généalogique 80
— en lexicologie 74
— en naturalisme 26
— en typologie 73
stemma v. «arbres»
— d'énonciation 60–61
— profonde 11, 16
— sociale 46
stylistique 31
successivité/succession 22–23, 36
— d'après Lessing 22
— des niveaux 22
— guillaumienne 22
— notation de 22
— et reconstruction 76–77
synchronie/synchronique 20, 22–23, 30,
	36–37, 49–50, 67, 76
— et diachronie/diachronique 20, 23–24
syntagmatiques, rapports 18, 53
syntaxe 11, 13, 16–17, 29, 35, 44, 54–65,
	71
— des modèles de phrase 61
— diachronique 64–65
— latine 29, 48–49, 64–65
— structurale 57
— transphrasale et «grammaire des textes»
	29, 64

— et division rythmique 46
— et sémantique 17, 28, 42–43, 55, 63
«système»
— et «norme» 24, 73
système conceptuel 42
temps verbaux 29–30, 40, 53
tesniérienne, syntaxe 11, 13, 16–17, 44,
	55, 60
textes littéraires 37
Textgrammatik v. «grammaire des textes»
Textlinguistik 12, 29
Textsyntax v. «grammaire des textes»
TGT 16
thème, et topic 60
théorie laryngale 77
théorie localiste 56
théorie naturaliste 26–27
— et universalisme 26
topic, et thème 60
tradition poétique 46
traduction automatique/méchanique 20,
	29, 33
traits distinctifs/pertinents 17, 18, 41, 43,
	52, 59
— sur tous niveaux 18–19, 28–29, 59
transformation 16–17
— et translation 17
translation 11, 55
— et transformation 17
translationabilité 55
Trümmer-sprachen v. langues-débris
type de langue 48, 72–73
— commun 72
— européen/occidental 48, 72
— morphologique 55, 73
typologie/typologique 10, 60, 63, 71–74,
	77, 79, 80, 81
— holistique 73
— partielle 73
— pénétrant la comparaison généalogique
	74, 80–81
— tendances 73
— et comparaison en général 71–72
— et morphologie 72–73
unidirectionalité 27–28
uniformité du système 15
«Unityp» 33
«Universalienprojekt» 32–33, 53
universalisme 58, 63

TABLE DES MATIÈRES

PRINTED ON PERMANENT PAPER • IMPRIME SUR PAPIER PERMANENT • GEDRUKT OP DUURZAAM PAPIER - ISO 9706

N.V. PEETERS S.A., KLEIN DALENSTRAAT 42, B-3020 HERENT